AF451681

MÉMOIRES

SUR

RAOUL DE COUCY.

TOME SECOND.

MÉMOIRES
HISTORIQUES
SUR
RAOUL DE COUCY.

ON Y A JOINT

Le Recueil de fes Chanfons en vieux langage,
avec la Traduction & l'ancienne Mufique.

A PARIS,

De l'Imprimerie de FH.-D. PIERRES,
Imprimeur ordinaire du Roi.

M. DCC. LXXXI.

Avec Approbation, & Privilège du Roi.

CHANSONS

DU CHATELAIN

DE COUCY.

CHANSON I. (1)

Pour verdure ne pour prée,
Ne pour feuille, ne pour flour,
Nulle chançon ne m'agrée,
S'il ne vient de fine amour.
Mes li faignant priéour
Dont jà Dame n'iert amée,
Ne chantent fors en pascour ;
Lors se plaignent sans dolour.

Dame tieng à esgarée
Qui croit faus druz mentéour :
Car honte a longue durée
Qui avient par tel folour ;
Et joie a povre savour
Qui en tel lieu est gastée.
Celle atent de lui valour,
Qui chace sa deshonour.

Fausse drue abandonnée
Veut les nos & puis les lour :
Ne jà s'Amours n'iert enblée,
Que ne le sachent pluisour.

(1) Cette chanson est la première que fit le châtelain,
selon le manuscrit du roman. On ne la trouve sous son nom
que dans ce manuscrit, par-tout ailleurs elle est anonyme.

TRADUCTION.

Qu'on chante les bois , les prairies , les
verd; feuillages , les fleurs naiffantes ; ces chanfons ne m'agréent , fi un véritable amour ne
les infpire. Pour qui feint d'aimer & n'aimera
jamais la Dame qu'il fatigue de fes prieres , le
defir de chanter ne revient qu'avec pâques. Il
fe plaint alors fans douleur.

Je tiens pour folle, Dame qui croit ami
faux & perfide. La honte qui fuit fa folie eft
de longue durée ; le plaifir qu'elle prodigue eft
en pure perte & de pauvre faveur. Peut-elle
s'attendre à être eftimée de qui cherche à la
déshonorer ?

Amie perfide & imprudente veut avoir amis
vrais & difcrets, fans renoncer aux indifcrets &
faux amis. Si l'on penfe à s'en faire aimer, il
faut que mille rivaux le fachent. Oui, ce n'eft

RAOUL

Mès à Dame de valour,
Belle & bone & acesmée,
Qui ne croit los engeour,
Doit-on penser nuit & jour.

Mult m'a Amours atornée
Douce paine & dous labour :
Ne jà pour riens qui soit née,
N'oublierai ceste honour
D'amer toute la meillour
Qui par les bons soit louée,
Mès de ce sui en errour,
C'onques n'aimai sans paour.

Tant s'est amours afermée
En mon cuer à bon séjour,
Que j'ai plus haute pensée
Que tout li autre améour.
Mès li faus enquéréour
Font œuvre mal éurée,
Enging de mainte coulour,
Pour tourner joie en tristour.

Dame, cele part me tour
Que m'amour ne soit doublée,
Et mon desconfors greignour;
Dont je mourai sans retour,
Se par vous ne sont menour.

qu'à Dame estimable, belle, bonne, de naturel gracieux & ennemi des flatteurs, qu'on doit penser nuit & jour.

Amour m'a préparé peine bien douce, bien douce occupation. Jamais, pour créature au monde, je n'oublierai l'honneur d'aimer la meilleure de toutes celles qui ont mérité l'éloge des vrais amans. J'ai tort sans doute de n'avoir jamais aimé sans craindre.

Tant s'est affermi l'amour dans mon cœur, tant il y a séjourné pour mon bien, que j'ai osé élever ma pensée plus haut que nul autre amant. Mais je crains la calomnie des curieux qui manœuvrent & s'intriguent de toutes façons pour changer ma joie en tristesse.

Dame, mon unique recours, loin de vouloir que l'activité de mon amour étant doublée, ce même amour & mon déconfort s'accroissent, faites qu'ils diminuent, ou j'en mourrai.

II.

Nouvele amor où j'ai mis mon penſer
Me fet chanter de la plus débonnere
Qu'on puiſt el mont ne vocr ne trouver,
Si m'en femont mes cuers de joie fere :
Et quant j'ai mis en li m'entencion,
Dont ne doi-je chanter fe de li non.
Tout mi penſer ſont à ma douce amie,
Puiſque je fai mon cuer en ſa baillie.

Et quant mes cuers s'eſt mis en li amer,
Je ne m'en doi mie arriere retraire :
Ainz me convient otroier & graer
Les volontez de mon cuer ſans deffere.
Et ſe je truis ma Dame o le douz non
Plaine d'orgueil ſans niſun guerredon,
Donques ai-je toute joie enhaïe :
Mes, ſe Dieu pleſt, ce ne m'avendra mie.

Se je trai mal, je n'en fais qui blaſmer
Forz ſes douz euz & ſon ſimple viere,
Dont li mien font traï en eſgarder :
Mès n'i voient riens qui face à deſpiere
N'en cors, n'en bras, n'en bouche, n'en menton,
Fors ſeul itant qu'ele ne me fet don
De li amer por alongier ma vie :
S'ele le fet, ce fera cortoiſie.

Nouvel amour occupe mon ame & m'inspire
de chanter la plus aimable femme qui foit au
monde. Docile aux mouvemens de mon cœur,
je m'abandonne à la joie: fidèle au defir de
plaire à la Beauté que j'aime, je ne dois chanter
que pour elle. Auffi tous mes penfers font-ils à
ma douce Amie, la fouveraine de mon cœur.

Quand ce cœur fuit fon penchant à l'aimer,
dois-je en éprouver un contraire? Non, c'eft
à lui de me faire la loi, à moi de l'agréer &
d'y obéir. Mais fi ma Dame, dont le nom
promet tant de douceur, n'a pour moi qu'in-
gratitude & fierté, adieu toute ma joie. Loin
de moi, bon Dieu, un femblable malheur!

Las! fi j'étais malheureux, à qui m'en prendre? A ces yeux fi doux, à cette phyfionomie
fi naïve & fi attrayante? Comment réfifter au
plaifir d'admirer des charmes fi parfaits! Quelle
taille! quels bras! quelle bouche! quel menton!
tout plaît en elle & féduit. Faut-il qu'elle
mérite le blâme de ne vouloir que prolonger
ma vie en me pardonnant mon amour! Encore
ce pardon eft-il une courtoifie.

Douce Dame, je ne vous os rouver
Ce dont Amors ne me rueve pas tere :
Mès se voz evz où l'on se puet mirer,
Qui tant son cler, ne mi font de mal aire,
Vous poez bien oïr à ma chançon
Et à mes diz que je n'aim se vous non,
Et que mes cuers au voftre s'umelie
Ki de toute sa dolour vous mercie.

De la dolor vous doi-je mercier
Et des penfiers que vous me fetes traire :
Qu'auſi com vos les me poez doner,
Quant vous plera les me porrés retraire.
Et quant je sai en vous ma garifon,
Se je vous aim, g'i ai affez réſon :
Mès quant j'aurai de vous haïr envie,
Jà puis honour n'aie jour de ma vie.

Envoi.

Douce Dame debonaire, priſon
Avés doné mon fin cuer ki vos prie
Que voftre soit, fanz point de vilonie.

  Cette chanſon eſt mutilée & fans nom d'auteur
dans le manuſcrit du Vatican, & l'envoi n'eſt
pas dans celui de M. de Paulmy. Elle paraît avoir
été faite dans les commencemens de l'amour du
châtelain.

Douce Dame , Amour n'exige pas que le fentiment foit muet : mais je n'ofe le faire parler. Si vos yeux fi fins & fi brillans , ces yeux où chacun veut lire fon bonheur , daignent fe fixer fur moi ; fi votre oreille eft attentive à mes chanfons , à mes plaintes , vous entendrez , vous verrez que je n'aime que vous , & que mon cœur, efclave du vôtre , chérit fon efclavage , & vous en remercie.

Oui , je vous remercie d'un efclavage qui ne me laiffe que la liberté de penfer à vous : liberté que vous pouvez m'interdire comme vous me l'avez permife. Pourrais-je ne pas aimer l'ob-jet bienfaifant de mes penfées , & dans lequel je trouve la guérifon de mes peines ! Si j'étais jamais tenté de le haïr , que je fois déshonoré pour la vie.

Douce Dame , vous avez donné une agréable prifon à mon cœur. Il vous prie qu'il foit tou-jours à vous , fans ceffer d'être fidéle.

I I I.

Bien cuidai vivre sans amour
Dès-ore en paix tout mon aé;
Mais retrait m'a en la folour
Més cuers dont l'avoie cleupé.
Enpris ai grenour folie,
Que li fous enfis ki crie
Pour la belle estoile avoir,
Qu'il voit haut & ciel féoir.

Coument que je me défeipoir,
Bien m'a Amours guerredouné
Che que je l'ai à mon pooir
Servie fans desloïauté,
Que roi me fait de folie.
Si fe gart bien qui s'i fie
De fi haut mérite avoir;
Mais n'en puis mon cuer movoir,

N'eft pas merveilles fe m'aïr
Vers Amour qui tant m'a grevé,
Diex! l'or le peuffe tenir
Un feul jour a ma volenté;
El comperroit cier fa folie,
Si me fache, Dieus aïe,
A morir li convenroit
Se ma Dame me vainroit,

J'espérais vivre sans amour & en paix le reste de mes jours; mais le penchant de mon cœur m'entraîne vers une passion folle à laquelle je le croyais échapé. Aussi suis-je plus fou que l'enfant qui crie pour avoir l'étoile qu'il voit fixée au haut de la voûte céleste.

Au reste, quelle raison de me désespérer? Amour ne m'a-t-il pas bien récompensé de l'avoir loyalement servi de tout mon pouvoir? Graces à lui, je suis roi de folie. Qui sera plus sage que moi, se gardera bien de se fier à l'espoir d'obtenir faveur d'aussi grand mérite que celle à laquelle mon cœur ne peut renoncer.

Ce n'est pas merveille, si je me courrouce contre Amour qui m'a tant grevé. Dieu! que ne puis-je le tenir un jour en ma puissance! il paierait cher sa folle tyrannie. J'en jure Dieu que je prie de m'aider; il mourrait, si ma Dame ne le défendait & n'était pas victorieuse.

Ai ! frans cuers qui tant convoit,
Ne baez à ma foleté.
Bien fai qu'en vous amer n'ai droit,
S'Amour ne m'i euft donné :
Mais d'esforcier fais folie,
Si con fait nès que venz guie,
Qui va la où il l'enpaint,
Si ke toute efmic & fraint.

Ha! Dame, où nus biens ne fe faint,
Merchi pour franchife & pour gré.
Puifqu'en vous font tot mal eftaint,
Et tout bien vif & alumé,
Connoiffiez dont la folie
Me vient qui me tolt la vie :
Qu'à rien n'ofe faire clamor,
S'à vos non, de ma dolor.

Canchon, ma plaifans hachie
Me falue, & fi li prie
Que pour Dieu & pour s'onnour
N'ait jà l'us de traïtour,
Que bien fevent li plufour,
Que Judas fift fon feignour,
Et Guenes l'emperaour.

Cette chanfon, anonyme dans le Recueil des
Anecdotes poétiques françaifes manufcrites avant
1300, eft attribuée au châtelain dans les anciennes
Poéfies franç. manufcr. du Vatican, n° 1490.

Ah ! cœur plein de franchife , objet de tous mes defirs , foyez infenfible à l'excés outrageant de ma folie. J'aime ; & je fais bien que le droit d'aimer eft un bienfait de l'Amour. Mais l'effort impétueux d'une paffion violente fait délirer la raifon ; c'eft le vent en furie qui tourmente en mer un vaiffeau & le pouffe contre l'écueil où il doit fe brifer.

Dame , en qui nulle vertu n'eft trompeufe , hélas ! pour franchife & pour fatisfaction , je vous demande merci. Puifqu'en vous fe trouve la guérifon de tous maux , avec le principe fécond de tous biens , daignez connaître d'où me vient cette folie qui me fait mourir. A vous feule j'ofe me plaindre de ma douleur.

Chanfon , falue pour moi celle qui caufe mon agréable tourment, & la prie que , pour Dieu & pour fon honneur, elle n'ait jamais l'ufage de l'art de trahir , que favent fi bien tant d'autres : art odieux qui rendit Judas coupable envers fon divin maître , & Ganelon envers l'empereur Charlemagne.

I V.

Coument ke longue demeue
Aie faite de canter,
Or eft bieo raifons & cure
Qe je me doive atourner :
K'Amours m'a fait oublier
L'anui qi lontans m'amort,
Et doune nouvel confort.
Dame, pour qui chant & deport,
    Merchi.

Chertes, Dame, mout s'onneur
Qi courtois eft contre tort :
Ja, de crueul, au defeur,
N'orrés dire bon recort.
Et fe l'amours que jou port,
Me fait plus que moi amer ;
Vous, Dame, doit-il membrer
Qu'en jentil cueur doit-on trover
    Merchi.

De périlleufe avanture
M'avez, Amours, atourné,
Quant por vous n'a de moi cure
Chele à qi m'avés donné.
Mors me fui por votre gré :
Grant honte i aurés por voir,
Se vos nel faites doloir
Tant qe defgnat de moi avoir
    Merchi,

Bien que je fois demeuré long-tems fans defir de chanter, il eft heure & raifon de préparer nouvelles chanfons. Amour m'a fait oublier mes longs & mortels ennuis ; il me reconforte. Dame, pour qui je chante & m'égaie , je vous crie merci.

Courtoifie à l'épreuve des torts eft louable & fait honneur : mais de cruauté jamais on ne vous fera l'éloge. Dame, fi l'amour que je vous porte me fait vous aimer plus que moi-même , qu'il vous faffe fouvenir qu'en gentil cœur on doit trouver merci.

Vous m'avez mis, Amour , en périlleufe aventure. Celle à qui vous m'avez donné, de moi ne fe foucie. Je mourrai donc pour vous plaire. Mais, en vérité , ce fera grande honte à vous , fi vous ne lui faites partager ma douleur , tant qu'elle daigne avoir de moi merci.

Grant pechiés eſt & grans paine
D'Amours ſervir faintement,
Si con la fauſſe gent vaine
Qi font ſemblant ſans talent.
Et Dieus porqoi le conſent
K'il ſe veut ſi bel mentir ?
Et jou qi ſui au morir,
Ne fai c'un mot, tant le deſir,
    Merchi.

Mult fait l'amours que vilaine
Qi commenche por faillir :
Car plus de mort eſt grevaine,
Puis qu'il li convient guerpir.
Mieus ne puet éle traïr
Chelui qi à li ſe prent,
Faire roi & puis noient.
Dame, por chou qu'à vous me rent,
    Merchi.

Cette chanſon eſt anonyme dans le manuſcrit de M. de Paulmy & dans celui de Clairambaut. Les deux derniers couplets n'y ſont pas ; & a leur place, il y en a un qui ne dit pas grand'choſe.

Elle eſt toute entiere dans le manuſcrit du Roi & dans celui du Vatican.

C'eſt

C'eſt pécher grièvement & s'expoſer à grième peine, que de ſervir l'Amour en feignant, comme ces hommes faux & vains qui, ſans aimer, font ſemblant d'être amoureux. Comment Dieu conſent-il que le menſonge ſoit plus éloquent que la vérité! Pour moi, qui meurs d'amour, je ne ſais dire qu'une choſe, tant je la deſire vraiment: Dame, merci.

Amour qui commence pour finir, eſt une infamie: la mort eſt moins douloureuſe que la néceſſité d'en voir la fin. Qui s'y laiſſe prendre, peut-il être mieux trahi! Il eſt roi, puis rien. Dame, puiſqu'à vous je me rends, merci.

V.

Moult ai été longuement esbahis,
Que je n'osai chançon à fère enprendre ;
Car de ma joie estoie départiz.
Or me refait Amors en li entendre ,
Qu'une biauté m'est venue devant,
Qui me semont & prie que je chant :
Et je suis si siens quites ligement ,
Que tout me puet & engagier & vendre.

Par tantes fois ai esté assailliz ,
Que je n'ai mais pooir de me deffendre :
Ne je ne sui si forz ne si hardiz ,
Que vers Amors osasse point contendre.
Puisque de moi vuet faire son talent,
Soffrir m'estuet si débonairement
Que se jamès contre li me deffent ,
Face en bon droit que bien le me puet rendre.

S'onques granz biens dut estre desserviz
Por mal avoir , bien doi merci attendre :
Car j'en sui si méuz & affoibliz
Qu'Amorz en puet li plus saiges aprendre.
Si vos en trai la plus bele à garant
De cui jamès nus vos lise ne chant.
Mais ne sai pas encor certainement
Quel guierredon ele me voudra rendre.

Je fuis refté fi long-tems étourdi de mon malheur, que je n'ai pas eu le courage d'effayer une chanfon. J'avais renoncé à la joie : mais l'Amour m'y rappelle. Une Beauté vient m'ordonner, me prier même de chanter. Qu'elle difpofe de moi comme de fon homme-lige, comme de fon efclave, fi elle veut m'engager ou me vendre.

J'ai foutenu tant d'affauts, qu'il ne m'eft plus poffible de me défendre. D'ailleurs je ne fuis ni affez fort ni affez hardi pour ofer réfifter à l'Amour. Puifqu'il veut faire de moi fa volonté, il me faut le fouffrir de fi bonne grace, qu'il m'en fache gré, & fe venge avec moins de rigueur fi jamais je me révolte.

Si jamais on mérita grand bien pour avoir eu grand mal, j'obtiendrai merci. Je fuis fi affaibli, fi défait, qu'Amour peut me donner comme la meilleure leçon vivante de fon pouvoir. J'appelle à témoin de l'excès de mes maux la plus belle qu'on ait jamais célébrée en vers & par des chanfons. Comment m'en récompenfera-t-elle ? Je ne le fais pas bien encore.

Jamès mes eulx ne fuſſent aſſoviz
De regarder ſa douce face tendre,
Ses blanches mains, ſes doiz lons & traitis,
Qui font amor enflamer & eſprendre;
Ne ſi beaux braz, ne ſi gent cors vaillant,
Ne ſon col blanc, ſon chief blonc & luiſant.
Toute biauté qui ſor autre reſplant
Eſt miſe en li qu'il n'i a que reprendre.

Jamès nus chant par moi ne fut oïz;
Portant pueſt mes cuers de dolor fendre.
Mais or ſerai de grant joie eſbaudiz,
Por ce qu'Amors le vuet à ſon oes prendre;
Qu'ele voit bien & connoiſt & entent
Qu'il n'en eſt plus qui ſi aint léaument.
Et s'il li prait, por Deu ſi face tant,
Qu'en ma dame face pitié deſcendre.

Il n'eſt pas difficile de voir que cette chanſon
eſt une des premières du châtelain.

Elle ne ſe trouve que dans le manuſcrit de
meſſieurs de Paulmy, de Sainte-Palaye & Clairambaut.

VI.

Li nouviau tems, & mais, & violete,
Et roſſignoz mi ſemont de chanter:
Et mes fins cuers me fait d'une amorette

Non, jamais mes yeux ne se rassasieront de regarder sa figure douce & tendre, ses blanches mains, ses doigts longs & bien filés, dont la vue enflamme d'amour. On brûle en voyant ses beaux bras, sa taille gentille, la blancheur de son cou & le blond luisant de ses cheveux. Toute la beauté dont brillent les femmes, est réunie en elle pour la rendre parfaite.

Jamais on ne m'entendit chanter pour me plaindre; mon cœur eût-il dû fendre de douleur. Mais je serai désormais ravi de la joie la plus vive, puisqu'Amour veut bien me prendre à son service, puisque la Beauté que je sers, voit, reconnoît & sent qu'il n'est pas d'amant plus loyal que moi. Ah! Amour! puissé-je lui inspirer le besoin de m'aimer comme je l'aime!

Le printems, le mois de mai, la violette & le rossignol, tout m'invite à chanter: & mon cœur sensible me fait d'un amour si doux prés-

si douz préfent, que ne l'os refufer.
Or me dont Dex eu tele honor monter,
Que cele où j'ai mon cuer & mon penfer,
Tienne une fois entre mes bras nuete,
  Ainz que j'aille outre mer !

Au comencier la trouvai fi doucete ,
Qu'onc ne cuidai por li maus endurer ;
Mais fes douz vis & fa frefche bouchete,
Et fi vair oeil qui font riant & cler ,
M'orent ains pris que m'i puiffe donner,
Mais s'or me veut retenir ou quiter,
Melz aing à li fallir , fi me promete,
  Qu'à une autre achever.

Las ! porquoi l'ai de mes eulx regardée,
La douce riens qui fauffe amie a non ,
Quant de moi rit , & je l'ai tant plorée!
Si doucement ne fu trahis nuls hon.
Tant com fut miens, ne me fift fe bien non ;
Mès or fui fiens , fi m'ocit fans réfon,
Et c'eft por ce que de cuer l'ai amée:
  Ne fet autre achefon.

De mil foupirs que je li dois par dete
Ne me veut pas d'un tout feul acquiter ;

fent, que je n'ofe le refufer. Dieu veuille donc qu'avant mon voyage d'outre-mer , je parvienne à l'honneur de tenir une fois nue entre mes bras celle où j'ai mis mon cœur & mes penfées !

D'abord je la trouvai fi douce, que je n'imaginai jamais fouffrir aucun mal par elle ; mais fon vifage attrayant, fa bouche fraîche , fes beaux yeux bleus, rians & clairs, fe font emparés de mon cœur avant que je puffe le donner. Qu'elle veuille le garder ou me le rendre , j'aime mieux ne pas être heureux avec elle , pourvu qu'elle me faffe efpérer, que d'être heureux avec une autre.

Hélas ! pourquoi l'ai-je vu, ce doux objet qui mérite fi bien le nom d'ingrate , quand elle rit de moi, de moi qui ai tant pleuré pour elle ! Nul homme ne fut fi doucement trahi. Tant que je fus maître de mon cœur , elle n'eut pour moi que de la bonté : aujourd'hui qu'elle en eft fouveraine maîtreffe, elle me fait mourir. C'eft fans doute pour l'avoir trop aimée ; du moins n'y fais-je autre raifon.

De mille foupirs que je lui dois, elle ne me ferait pas grace d'un feul ; elle eft fi cruelle

Ne fauſſe amors ne veut que s'entremete
De moi laiſſier dormir & repoſer :
S'ele m'ocit, moins aura à garder.
Je ne m'en ſai vengier fors au plorer ;
Car qui amors deſtruit & deshirete,
    L'en ne ſet où clamer.

Seur totes joies eſt cele coronée
Qui d'amors vient. Dex ! i faudrai-je donc !
Oïl par Dieu, tels eſt ma deſtinée,
Et ce deſtin m'ont donné li felon.
Si ſevent bien qu'il font grant meſpriſons ;
Car qui ce tolt dont ne peut faire don ,
Il en conquiert enemis & mellée ;
    N'i fait ſe perdre non.

Si coiement ai ma dolor celée,
Qu'à mon ſemblant ne le reconnoiſt-on.
Se ne fuſſent la gent malhéurée,
N'euſſe pas ſopiré en pur don.
Rendu m'euſt Amors mon guierredon :
Mais en ce point que dui avoir mon don ,
Lors fu m'amors enſeignie & moſtrée.
    Jà n'aient il pardon !

Probablement le châtelain ne fit cette chanſon
que pour faire tomber les bruits qui couraient

qu'elle ne me pardonnerait pas de repofer & de
dormir un feul inftant. Si je meurs, ce fera un
ferviteur de moins pour elle. Je ne fais m'en
venger qu'en pleurant ; car à qui demander
juftice contre une ingrate qui anéantit l'Amour
en le privant de fes droits?

Le bonheur qui naît d'Amour eft fupérieur à
tout autre. Dieux! ne l'obtiendrai-je jamais!
Non, fans doute. Telle eft la deftinée où me
réduifent les médifans ; ils favent bien qu'ils me
font grande injuftice : mais quiconque prive un
autre d'un bonheur dont il ne pourrait le faire
jouir, s'expofe à avoir des ennemis & des querel-
les ; il ne fait qu'y perdre.

(1) Je fus toujours fi bien le maître de mes fentimens douloureux , qu'il me femblait impoffible
d'en pénétrer le fecret. Sans les médifans , je
n'euffe pas foupiré en vain ; l'Amour m'eût récompenfé. Mais à l'inftant où j'allais être heureux , on découvrit mon amour , & on le publia.
Puiffent les médifans n'obtenir jamais pardon!

(1) Ce couplet n'eft pas dans le manuferit de M. le
marquis de Paulmy , mais dans celui du Vatican , dont on
trouve une copie chez M. de Sainte-Palaye.

sur son bonheur, & pour tâcher de tromper, s'il
lui était possible, les regards curieux qui s'effor-
çaient d'éclairer sa conduite.

VII.

Par quel forfait & par quel mesprison
M'avés, Amor, si de vos esloignié,
Quant de vos n'ai confort ne garison ?
Et si ne truis qui de moi ait pitié.
A tort m'avez si sanz merci laissié,
C'onques de vos ne me vint se mal non.
N'encor, Amors, ne vos ai reprochié
Mon servise : mais ore m'en plaing-gié,
Et di que mort m'avez sanz achoison.

Bien déussiez, Dame, garder raison
En moi grever, qu'ai servi & proié
Tant longuement en bone entencion.
N'onques un jor ne me fistes lié.
Malement ai mon service emploié,
Se par merci ne veing à guierredon.
Merci, Amors ! trop m'avez travaillié :
Ne me laissiés ensi desconfoillié
Que ma Dame ne me giet de prison.

Par quel forfait & par quelle injuſtice, Amour,
éloignez-vous de moi toute conſolation & tout
eſpoir de guériſon ? je ne trouve perſonne qui
ait pitié de moi. C'eſt bien à tort que vous me
laiſſez ſans merci. Jamais je n'éprouvai de vous
que des rigueurs. Cependant je ne vous ai point
encore reproché mes ſervices : mais enfin je
m'en plains, & dis que vous me faites mourir
injuſtement.

Dame, vous devriez bien être plus modérée
en me grevant ; moi qui vous ai ſi long-temps
ſervie, & dont l'hommage eſt ſi pur. Jamais je
n'obtins de vous le plus léger adouciſſement à
mes maux. J'aurai bien malheureuſement em-
ployé mes ſervices, ſi pour récompenſe je n'ob-
tiens votre merci. Merci donc, Amour! vous
m'avez trop tourmenté; enſeignez-moi du moins
le ſecret d'empêcher que ma Dame ne me rende
ma liberté.

Proi vos , ma Dame , par vo très grans valours
Que vos amés voftre loial ami.
Alegiéz moi mes maux & mes dolours ;
Car je fuis cil ki mieux vos a fervi,
De vos arent guerredon & merci,
Ne ma joie ne puet venir d'aillours ;
Et fe g'i fail , mors fui & mar vos vi.
Dit ai que fox , ainz m'en teing à gari :
Mais trop vient lent , Dame , voftre fecours.

Ne cuidiés pas , Dame , ce foit folours
Se je vos aing , & dout , & fer , & pri.
Tant ai fervi , voftre en fera l'onours
Quant vous m'aurez mon fervife meri.
De vos proier me dout , & fais hardi :
Qu'en amors a hardemenz & paours.
Ne tout ne coil mon cuer , ne tout nel di ;
Et fe je riens par paour i obli ,
Vainque pitiez, douce Dame , & Amours,

Se fins amis, deftroiz & angoiffous ,
Doit joie avoir por fervir léaument ,
Donc doi-je bien par droit eftre joïoux ;
Car je fuis cil qui plus a de torment.
Si vos aim tant , Dame , finement ,
Que je ne puis pour autre eftre amouroux :
Et mes chançons fais por vos foulement,

Dame, aimez votre loyal ami ; je vous en
conjure par tout ce qui vous rend aimable.
Adouciſſez mes maux & mes douleurs. Qui vous
a mieux ſervie que moi? J'attends de vous merci
& récompenſe ; de vous, l'unique principe de
mon bonheur. Si vous me les refuſez , je ſuis
mort ; & ce ſera malheureuſement que je vous
aurai vue. Mais , que dis-je? non , je ne mourrai
point : cependant vous tardez trop , Dame, à
me ſecourir.

Non , ce n'eſt point une folie de vous aimer
& reſpecter, de vous ſervir & prier. Je vous ai
ſervie ſi conſtamment ! m'en récompenſer ferait
une juſtice qui vous ferait honneur. Je crains &
j'oſe tout à la fois vous prier ; tant il eſt vrai
qu'en amour on eſt en même temps timide &
hardi. Mon cœur ne vous cache pas tout , mais
il ne vous dit pas tout : & ſi par timidité j'oublie
certaines choſes, douce Dame, qu'amour & pitié
vous les faſſent deviner.

Après de longues ſouffrances, ſi un amant, pour
avoir été loyal & fidéle , doit enfin être heureux,
j'ai bien droit de l'être. Qui plus que moi a ſouf-
fert pour vous, que j'aime ſi conſtamment , qu'il
m'eſt impoſſible d'être jamais amoureux d'une
autre? C'eſt pour vous ſeule que je chante ; & mes
chanſons furent toujours l'expreſſion vraie de

N'onques nul jor ne chantai faufement.
Si me lait Dex, Dame, joïr de vous !

Cette chanfon, attribuée au châtelain de
Coucy dans le manufcrit de MM. de Paulmy &
Clairambaur, pourrait bien n'être pas du châtelain, mais de Rogier d'Andelys. Elle eft tron-
quée dans le manufcrit de M. de Paulmy.

V I I J.

     L orfque rofe ne fuille
      Ne flour ne voi paroir ;
      Que n'oi chanter par bruille
      Oifel ne main ne foir ;
Adonc fiorift mon cuer, à fon voloir,
En bonne amour qui m'a en fon povoir,
      Si qu'ainz n'en poi iffir.
Et s'il eft rien qui m'en puiffe partir,
Jamès nel quier favoir, ne Dex nel vuille,

      C'eft bien droiz que m'enduille,
      Quant ma dolor defir :
      Car j'aim plus que ne fuille
      Ce dont ne puis joïr.
Et connois bien que n'i puis avenir ;
S'Amors ne veint raifon, je doi faillir ;
      Ce fai je bien devoir.
Por Deu ! Amors, faites en non chaloir
Metre raifon, tant qu'ele me recuille !

mes fentimens. A Dieu plaife, douce Dame,
qu'enfin je fois heureux!

Je ne vois paroître feuilles ni fleurs : la rofe
tarde à éclore. Je n'entends matin ni foir les
oifeaux amoureux chanter dans les bocages. Cependant, femblable à la fleur qui s'épanouit aux
rayons du foleil, mon cœur s'ouvre volontiers à
ceux de la Beauté que j'aime. J'en fuis & ferai à
jamais l'efclave. S'il eft un moyen de m'affranchir, puiffé-je l'ignorer toujours! Dieu veuille
le rendre impoffible !

Le defir de ma Dame eft pour moi une loi de
fouffrir. Auffi l'aimé-je plus que jamais, fans
efpoir d'être heureux. Je connais même l'impof-
fibilité de parvenir au bonheur. Si l'amour ne
triomphe de la raifon, je le fais, toujours je
ferai malheureux. Pour Dieu ! Amour, fais que la
raifon foit moins écoutée , & que je fois mieux
accueilli !

Dame, nul mal que j'aie
Ne tieng fors à legier :
Car fans vos ne porroie
Vivre un foul jor entier.
Sans voftre amor, ne m'a vie meftier;
Ne je ne vuil tot le fiegle en muer,
Ou aler à mort vivant.
La! Dame-Dex, ne mi lait vivre tant
Qu'au fiegle ennui où ma mie verroie.

Par mainte fois m'effroie
S'Amors & fait penfant;
Et adés me ravoie
Et donne cuer joiant.
Enfi me fait vivre mefléement
D'ire & de joie; mais ne fai s'a talent
Que me veuille efprover.
Nenil : efpoir ains eft por moi irer,
Por effaier fe paur mal recroie.

Mainte longue femaine
Trui, quant fui loing de li :
Le penfant à grant poine,
Sovent les en maudi
Que tant durent. Las! & je defir fi
Revoir celi dont jamès pas n'obli
Les moz ne les femblanz :
Ainz mi confort quant en fuis remenbrant,
Si me delit, quant eft de moi lointainne.

Dame,

Dame , je trouve légers tous les maux que j'endure pour vous : fans vous, je ne pourrais vivre
un feul jour entier. Si je n'aimais , que me fer-
virait la vie ! Je vivrais un fiecle , que je ne veux
point changer ; dût ma vie être une mort conti-
nuelle. Hélas ! grand Dieu ! me laifferais-tu vivre
de façon qu'un fiecle de vie ferait un fiecle de
tourment , même en voyant ma mie !

Mainte fois Amour m'effraie & me rend penfif :
puis il me raffure & me rend joyeux. Ainfi ma
vie eft un mélange de joie & de trifteffe. Je ne
fais fi c'eft envie de m'éprouver : mais non ; je
foupçonne plutôt le deffein de m'affliger , &
d'effayer fi ma conftance à fouffrir peut être
laffée.

Que les femaines me femblent longues , quand
je fuis loin de ma Dame ! Plein d'une idée fi
trifte , fouvent je les maudis , ces femaines dont
la longueur contrarie le defir que j'ai de revoir
celle dont je ne puis oublier l'efprit & les charmes. Quand je me les rappelle , ce fouvenir me
ranime : c'eft ainfi que je charme l'ennui de fon
abfence.

I X.

Je chantaſſe volentiers liement,
Se j'en trouvaſſe en mon cuer l'acheſon :
Mès je ne puis dire, ſe je ne ment,
Qu'aie d'Amors nule riens ſe mal non.
Pour ce ne puis fere lie chançon,
    Qu'Amors le me deſenſaigne,
Qui vuet que j'aime & ne vuet que je tiengne.
Enſi me tient Amors en deſeſpoir,
Que ne m'ocit ne me let joie avoir.

Je ne doi pas, Amors, grant mal voloir,
S'à la plus bele du mont mon cuer rent :
C'onques biauté ne fiſt ſi ſon povoir
D'eſtre avec li ſi eſmeréement,
Comme ele fet de ſon très biau cors gent,
    Que riens qu'à grant biauté tiengne.
Ne truis qu'en li n'en ſa façon ſoſtraigne,
Fors qu'un petit li meſſiet, ce m'eſt vis,
Ce que trop tient ſes euz de moi eſchis.

Quant je reſgart ſon debonaire vis,
Et je la pris ſanz biau reſpons avoir,
N'eſt merveille s'en reſgart m'eſbahis,
Quant je conois ma mort & ſai de voir,
Puiſque merci ne m'i daigne valoir,

Je chanterais volontiers avec joie, si je trouvais en mon cœur raison de chanter. Mais puis-je, sans mentir, dire qu'en aimant j'aie éprouvé autre chose que peines & chagrins ? Comment donc faire chansons joyeuses ? Amour me les fait oublier ; lui qui veut que j'aime & ne veut pas que je sois aimé. Il prolonge ainsi mon désespoir, m'interdisant la mort, comme il m'interdit la joie de ma vie.

J'avoue, Amour, qu'on ne doit pas vouloir mourir, pour s'être rendu à la plus belle du monde. Jamais Beauté ne put si bien qu'elle, par les graces vives & enjouées de toute sa personne, égayer l'ennui de la captivité. Je ne trouve en elle rien que de beau, de parfait. Une seule chose, à mon avis, lui messied un peu; c'est trop de crainte que je ne lise dans ses yeux.

Quand je regarde sa figure ingénue, & que je prie sans avoir bonne réponse; ce n'est pas merveille si je me trouble. Je vois alors & je sens que je n'ai plus qu'à mourir, puisque merci ne daigne venir à mon secours. Quel peut être mon

Ne fai où nul confort praingne ;
Car les orguelz n'ocit & li mehaigne.
Ha ! douce riens cruelz, tant mar vos vi,
Quant pour ma mort naſquites ſans merci.

Que ferai, Dex ! partirai moi de li,
Ainz que s'Amors me paroit tout ocis ?
Nenil voir : las ! il ne puet eſtre enſi,
Qu'Amors me tient, & m'a volentiers pris,
Qui a mon cuer en li pour mourir mis.
    Ne jamès tant me meſpraigne,
Que ſanz merci ou ſanz mort en reviengne :
Qu'aſſez veuil melz morir en doux deſir,
Que vivre iriez, & ma vie haïr,

Dès que mes cuers ne s'en veut revenir
De vous, Dame pour cui il m'a guerpi,
Aumoſne aurez s'el daigniez retenir ;
Car s'il revient à moi, a il failli.
Pour votre honour & pour Deu vous en pri,
    Que de li pitié vos praigne :
Qu'il n'aſſiert pas à vous que nus s'en plaingne,
Qu'el mont n'a voir ſi cruel traïſon,
Com biau ſenblant à corage felon,

reconfort? la fierté de ma Dame, pénible à elle-même, me fera mortelle. Doux & cruel objet! ah! que malheureusement je vous connus, vous qui, pour causer ma mort, naquîtes sans merci!

Dieu! quel parti prendre? Romprai-je les liens qui m'attachent à elle, avant que d'avoir senti se rompre tous ceux qui m'attachoient à la vie? hélas! non, c'est chose impossible. Amour me retient en esclavage, & l'esclavage où il m'a mis est volontaire; j'y dois mourir. Loin de moi à jamais l'idée d'en sortir sans avoir obtenu merci ou la mort! J'aime bien mieux mourir dans une douce espérance, que de vivre avec le repentir d'une faute qui me ferait haïr la vie.

Puisque mon cœur ne veut point se séparer de vous, Dame pour qui il s'est séparé de moi, ce sera charité, si, daignant le retenir, vous le gardez de faillir en revenant à moi. Pour Dieu, pour votre honneur, prenez pitié de lui, je vous en prie. Non, ce ne sera jamais de vous qu'on se plaindra, en disant que rien au monde n'est si cruellement traître que beau semblant avec cœur félon.

Envoi.

Dame, coment qu'il m'en preingue,
Merci Amors de ce qu'ele me daigne
Tenir à suen : ne jà de sa prison
Ne quiers issir, se mors ou amés non.

Cette chanson est aussi attribuée dans le manuscrit du Roi à Hugues de la Ferté ; mais tous
les autres la donnent au châtelain.

X.

Bele Dame me prie de chanter ;
Si est bien droiz que je face chançon,
Je ne m'en sai ne ne puis desturner :
Car n'ai povoir de moi, se par li non.
Elle a mon cuer que jà n'en qier oster ;
Et sai de voir q'il n'i trait se mal non.
Or le doint Diex à droit port arriver ;
Car il s'est mis en mer sans aviron.

Preuz & sage, je ne vous os conter
La grant dolor que j'ai, s'en chantant non.
Et sachiez bien, plus n'en orrez parler ;
Car je n'en voi nule droite réson.
J'aim mels enfi souffrir & endurer

Dame, quel que soit mon sort, je remercie Amour de ce qu'il daigne m'agréer pour son captif. Je ne sortirai jamais de sa prison que mort ou aimé.

Belle Dame me prie de chanter, il est bien juste que je lui obéisse. Je ne puis ni ne sais m'en défendre : car je n'ai de volonté que la sienne. Elle a mon cœur que je ne cherche point à lui ôter. Je sais néanmoins qu'il n'éprouve que douleur. Puisse Dieu le faire arriver à bon port, car il s'est mis en pleine mer sans aviron !

Discret & sage, je n'ose vous dire qu'en chansons la douleur que j'endure. C'est même pour la derniere fois que vous entendez ma plainte. Il me semble peu raisonnable de la renouveler. Le doux mal que je souffre, j'aime mieux l'endurer

Ces très douz max , fans avoir guérifon ,
Que d'un autre quanqu'on puet demander :
Ce fachiez bien , débonnere au douz non.

De cefte amor qui tant me fet péner
Ne voi je pas com je puiffe partir :
Car je n'i voi réfon de l'efchiver ,
Ne n'eft pas droiz que j'en doie joïr.
Mès fol defir fet fouvent cuer penfer
En fi haut lieu q'il n'i puet avenir :
Et fine Amors fi ne doit pas grever
Ceux qui painent tosjors de li fervir.

S'onques amis ot joie pour amer ,
Je fai de voir que n'i doi pas faillir :
Car riens , fors moi , ne porroit endurer
Les granz travaus que j'ai por li fervir.
A fon pléfir me fet plaindre & plorer ,
Et foufpirer , & veillier fans dormir.
Mès itant fut à moi réconforter ,
Que nuit & jor en plorant la remir.

Je ne me fai tenir ne conforter
De vos biax cuers fervir entierement ;
Et quant je plus vous doi merci crier ,
Lors vous truis-je cruels fi durement
Que ja à moi ne ferez biau femblant

fans efpoir de guérifon, que d'obtenir d'une autre
tout ce qu'on peut demander : foyez-en sûre ,
vous qui favez adoucir la rigueur même d'un non.

Je ne vois pas comment je pourrais me féparer
de cet amour, quoiqu'il me tourmente : je ne
vois même aucune raifon de le vouloir. Ce n'eft
pas que je me flatte d'en mériter la récompenfe ;
mais le defir égare quelquefois un cœur, en le
dirigeant vers un objet qu'il ne peut atteindre.
D'ailleurs l'Amour ceffe quelquefois d'être contraire à ceux qui s'efforcent de le fervir avec
conftance.

Si jamais un amant fut récompenfé pour bien
aimer, je dois efpérer de l'être. Quel autre que
moi pourrait endurer ce que je fouffre depuis que
je fers l'Amour? Comme il lui plaît, je me plains,
je pleure, je foupire, je veille toutes les nuits.
Une chofe au moins me confole, c'eft que nuit
& jour en pleurant je fonge à ce que j'aime.

Quelque peu confolant que foit l'Amour auquel
je me fuis voué, je ne puis m'en affranchir.
Plus j'acquiers le droit de vous crier merci, plus
je vous trouve de cruauté. Elle eft telle que, pour
m'affliger, vous prodiguez aux autres l'accueil

Ainz les fetes autrui por moi grever.
Mès quant voftre œil me vuelent regarder,
Et je remir le voftre biau cors gent,
Tant fui je hors de paine & de torment.

On ne trouve cette chanfon que dans les
manufcrits de Paulmy & de Clairambaut.

X I.

Tant ne me fai dementer ne complaindre
Que puiffe avoir de ma dolor folaz :
Ne de mon cuer ne puis la flambe eftaindre
Dont tante fois me claim dolent & laz.
Cele m'ocit vers qui ne me fai faindre ;
Ainz fui tozjors en paine & en porchaz
Se jà porrai jufqu'à s'amor ataindre.

Tant faz pour li gréveufe pénitance
Que touzjors fui en plor & en foufpir ;
Et fi fet bien que je l'aim fanz doutance,
Tant com li plet me puet fere languir :
Jà par autrui n'i aurai délivrance,
Se n'eft par li que tant aim & defir,
Qué tout i met mon cuer & m'efpérance.

favorable que vous me refufez. Il eft vrai que
dès que vos yeux daignent fe fixer un inftant fur
moi , & que je puis admirer vos graces , je ne
fens plus ni peines ni tourmens.

J'ai beau me lamenter & me plaindre , je
ne puis trouver de foulagement à ma douleur. Je
ne puis éteindre dans mon cœur cette flamme
dont l'ardeur me fait pouffer des cris doulou-
reufement répétés. Elle me fait mourir , cette
Beauté avec qui jamais je ne fus feindre ; toujours je fuis dans la peine & l'inquiétude de
favoir fi je pourrai m'en faire aimer.

Ma vie eft une vraie pénitence. Pour elle je
pleure & foupire fans ceffe. Elle fait bien pourtant que je l'aime : comment pourrait-elle en
douter? Elle peut tant qu'il lui plaira me faire
languir : jamais autre ne me guérira , puifque je
l'aime & defire tant, qu'en elle feule j'ai mis
mes penfées & l'efpoir de ma guérifon.

Adès Amors me semont & atise
De li amer ; mès n'i truis fors dangier.
Et si l'aim tant de fin cuer sanz faintize,
Que ne me puis tenir de li prier.
Ne sai se jà l'aurai à moi conquise ;
Et ne porquant ce me fet rehétier,
Que l'eve seut percier la pierre bise.

Dame, mar vi le cler vis & la face
Où rose & lis floriffent chafcun jor.
Tant m'efbahis que ne fai que je face,
Quant je regart voftre frefche color,
Et vo douz front qui plus eft cler que glace.
Dame, merci ; car trop à grant dolor
Muir & languis : voftre pitié le fache.

Vainque pitié, douce Dame, droiture ;
Ne mi leffiés morir a tel torment.
Tant par vous truis tous tens fauvage & dure,
Que m'ocirés, fe vous vient à talent :
De vos penfer ne puis fere mefure.
Dame, merci ; trop me fecorrés lent :
Si me merveil con voftre cuers l'endure.

A tout inſtant Amour me preſſe de l'aimer, &
m'y excite ; cependant je n'y trouve que danger.
Je l'aime avec tant de violence & de vérité,
que je ne puis me tenir de folliciter un tendre
retour. Je ne ſais ſi je pourrai l'attendrir ; une
choſe pourtant ranime mon eſpérance, c'eſt que
*l'eau qui tombe goutte à goutte perce le plus
dur rocher.*

Dame, c'eſt donc pour mon malheur que je
vis cette figure charmante, & ces joues où fleuriſſent chaque jour roſes & lis. Quand j'en admire
la fraîche couleur & ce front plus uni que glace,
je ſuis tellement tranſporté que je perds l'uſage
de ma raiſon. Dame, je vous crie merci ; je
ſouffre trop : je languis, je meurs : que votre
pitié le lâche.

Dame, que la pitié l'emporte ſur le devoir;
ne me laiſſez pas mourir dans ce tourment. Je
vous trouvai toujours ſi farouche & ſi cruelle!
oui, vous me ferez mourir, ſi vous le voulez.
Je ne puis me raſſaſier du plaiſir de penſer à
vous. Je vous crie merci ; vous tardez trop à
me ſecourir, & je m'étonne que votre cœur le
ſouffre.

X I I.

Quant li rosignol jolis
Chante seur la flor d'esté,
Que naist la rose & le lis,
Et la rousée el vert pré ;
Plains de bone volonté,
Chanterai con fins amis.
Mais d'itant sui esbahis
Que j'ai si très haut pensé,
Qu'a paines iert accomplis
Li servirs dont j'atens gré.

Liement ont entrepris
Ce qui trop m'aura grevé
Mi sol œil volenteiz
Qui sovent ont esgardé
Là où je n'ai mie olé
Dire que j'estoie quis.
Œil, par vos sui-je trahiz,
Voir est, mal avez ovré ;
Mès or en aiez merci,
Et si vos soit pardonné.

Oil, ce est mains que noient,
Je ne vous puis mal vouloir :
Car quant je me reporpens

Quand le roffignol joli fait retentir de fes chants les bocages que l'été pare de fleurs, quand le lis & la rofe fe hâtent d'éclore, & que la rofée tombe en perles fur la verdure des prés ; plein de volonté amoureufe, je dois chanter comme loyal amant. Mais une chofe me trouble : j'ai élevé fi haut ma penfée, que j'aurai peine à m'acquitter du fervice dont j'attends qu'on me fache gré.

C'eft avec gaieté que mes yeux volontairement & follement indifcrets ont entrepris chofe dont j'aurai trop raifon d'être fâché. Ils ont fouvent regardé l'objet vers lequel je n'ofais dire qu'Amour m'attirait. Vous m'avez trahi, mes yeux, en vérité, vous en avez mal agi. Mais vous aurez votre grace, je vous pardonne.

Votre indifcrétion n'eft rien moins qu'impardonnable. Comment vous en voudrais-je, moi qui ne me rappelle jamais combien ma Dame

Comme ele eſt bele à véoir ,
Souvent me fetes doloir
En ce que trop vous truis lent,
Mès li raſſoagemens
Des biens que g'en cuit avoir,
Me fet doubler mes talens
De ſervir à mon povoir.

Benois ſoit li hardimens
Où je pris ſi boin eſpoir !
Car eurs , ſervirs , & talens
M'i porroit encoir valoir.
Se doi-je molt bien voloir
Ke ſiens ſoie ; car g'i pens.
Voire , ſe j'ai tant de ſens
C'on ne s'en puiſt parchevoir,
Encoir venra lieus & tens
De ma très grant joie avoir.

Se je m'en deuil & ſouſpir ,
Ne m'en doi pas eſmayer ;
Tant ne porroie ſervir
Q'il me poïſt ennuyer.
N'en donroie le deſir
Pour tout l'avoir de ſouz ciel
Que je me voie ſéſir
De l'amor que j'ai tant chier,

eſt belle à voir, ſans me plaindre de ce que vous
avez été trop lents à l'admirer? Mais quelles
que ſoient mes plaintes, l'idée des biens que
j'attends d'elle, me ſoulage & me fait redou-
bler d'ardeur pour la ſervir à mon pouvoir.

Heureuſe la hardieſſe qui m'inſpira l'eſpoir de
ſi grand bien! Bonheur, ſoins & ſavoir-faire
peuvent encore le réaliſer. Oui, je ſerai toujours
à ma Dame; je dois le vouloir, & je le deſire.
Si j'ai l'eſprit de ne pas laiſſer appercevoir le
ſecret de mon cœur, je pourrai (2) *encore* rén-
contrer le lieu & le moment favorables à mon
amour.

Si maintenant je ſoupire & me déſole, je ne
puis m'en affliger. Quelque longs & infructueux
que ſoient mes ſervices, jamais l'idée ne me
viendra de m'en impatienter; & m'offrît-on
tout ce qui exiſte ſous le ciel, je ne le troquerais
pas avec le ſimple deſir de voir un jour mon
amour couronné.

(2) Il l'avait donc déja rencontré.

D

Le dernier couplet de la chanson précédente eſt
de huit vers, & les quatre premiers de dix ; ce qui
fait ſoupçonner que les copiſtes ſe ſont trompés,
ou que ce dernier couplet appartient à une autre
chanſon.

X I I I.

Quant li eſtés & la douce ſaiſons
Fait foille & flors & les prés raverdir,
Et le dols chans des menus oiſillons
Fait à pluiſors de joie ſofvenir ;
Las ! chacuns cante, & je plore & ſofpir.
Et ſi n'eſt pas droiture ne raiſons :
Ains c'eſt adès tote m'entencions,
Dame, de vos honorer & ſervir.

Se j'avoie le ſens k'ot Salemons,
Si me feroit Amors por foll tenir :
Car trop eſt malle & cruex ſa priſons,
Si me le faut eſſaier & ſentir :
Si ne me veult à ſon eus retenir,
Ne enſeingnier quelle eſt ma gariſons,
Car j'ai amé longuement en prudons,
Et amerai tosjours ſans repentir.

Merveilles n'ai dont vient ceſte oquoiſons,
Qu'elle me fait à tel dolor languir.
C'eſt par ce qu'elle croit les felons,

Dans la faison nouvelle, la verdure des bois
& des prairies, le parfum des fleurs, les doux
concerts des oifeaux, réveillent dans le cœur
des amans heureux le fentiment de leurs plaifirs.
Ils chantent, hélas! tandis que je pleure & foupire. Mais quelle raifon de m'attrifter en cédant
au defir de vous honorer, ma Dame, & de vous
fervir?

J'aurais la fageffe de Salomon, qu'Amour fau-
rait la changer en folie. Quelque pefante que
foit fa chaîne, il me la faut traîner malgré moi.
Cependant il me dédaigne pour fon efclave, fans
m'enfeigner le moyen de recouvrer ma liberté.
Quel remede à mon malheur? J'ai long-tems
aimé avec conftance; c'eft d'aimer toujours de
même, fans m'en repentir.

Dois-je m'étonner que l'objet de mon amour
s'obftine à me faire ainfi languir dans la douleur?
Elle écoute les médifans, ces flatteurs que Dieu

RAOUL

Les lofengiers, que Diex puis maleïr,
Tote lor peine ont mife en moi traïr:
Mais ne lour vaut lor mortex traïfons,
Quant le faront quex iert li guerredons,
Dame, de vous qui ainc ne feu mentir.

Ainc ne le feu lofengier, ne flater,
Ne jà Diex fens ne m'en doinft ne talent;
Mais ma Dame fervir & honourer,
Et faire adez à fon comandement.
Et faichiés bien, fe beau fervir ne ment,
Ou li miens cuers ki bien ne puet grever

· · · · · · · · · ·

Ara mes cuers ki adès s'i atent.

Se vous daignés ma proiere efcouter,
Douce Dame, je vous proi & demant
Ke vous penfes de moi guerredoner:
Je penferai de bien fervir avant.
De tous les maus que j'ai ne m'eft noïant,
Douce Dame, fe me volés amer:
En poi de tens poés guerredoner
Les biens d'amors ke j'ai atendus tant.

puiſſe maudire. La médiſance qui s'efforce d'em-
poiſonner un bonheur que la malignité ſeule
imagine , ſera bien déconcertée , lorſqu'elle
ſaura que tant de conſtance me fut toujours
inutile , & qu'elle le ſaura de vous , Dame , qui
jamais ne mentîtes.

Jamais je n'eus le talent de tromper ni de
ſéduire. A Dieu ne plaiſe que j'en connaiſſe
l'uſage! je ne veux que ſervir & honorer ma
Dame : ſa volonté ſera toujours ma loi. A vous
bien ſervir, j'éprouverai ſans doute mille peines;
mais elles ſeront chéres à mon cœur , s'il peut,
ſans trop ſe flatter, en eſpérer un jour la récompenſe.

Douce Dame, daignez écouter ma priere , &
permettez-moi l'eſpoir d'être récompenſé. Mon
unique ſoin ſera déſormais de vous faire agréer
mon ſervice ; ſi vous voulez m'aimer , tous mes
maux me deviendront doux. Il ne vous faut
qu'un inſtant pour réaliſer le bonheur aprés
lequel j'ai tant ſoupiré.

XIV.

En aventure coumens
Ma daerraine chançon.
Si ne fuis liés, ni dolens ;
Si ne fai ſe vive ou non,
Ou ſe j'ai tort ou raiſon,
Ou ſe j'aim, ou c'eſt noïens,
Mais itex eſt mes talens,
Que, ſans nule repentance,
Pens à la millor de France.

Et li très doux penſemens
De ſa très bele faiçon
Me fait renouvellemens
De toute joie ſans non.
Mais tant enquièrent felon,
Loſengier & male gens :
Mais cus l'ai en porpens,
Ke, por mal ne por grévance
Ne feront ma meſeſtance.

Ainc n'amai à repentir,
Ne jà ne l'enquier ſavoir.
Ains ai mis ens li ſervir
Cuer & cors, force & povoir,
Et s'ele me fait doloir,

Je hafarderai une dernière chanfon. Sans joie
comme fans trifteffe, je ne fais, hélas! fi je
fuis vivant ou mort, raifonnable ou déraifon-
nable, amoureux ou non amoureux. Mais une
chofe que je fais, & qui m'eft naturelle; c'eft
que, fans m'en repentir jamais, je veux toujours
penfer à la meilleure femme de France.

Je penfe à fa très belle façon; & ce très doux
penfer renouvelle en moi un fentiment de joie
inexprimable. En vain la gent felonne & curieufe
des médifans s'enquiert malignement de l'état
de mon cœur; elle ne le faura pas. Quelque
malheureux, quelque douloureux qu'il puiffe
être, j'ai réfolu de lui en dérober la connaif-
fance.

Jufqu'aujourd'hui Amour ne m'apprit à me
repentir, & je ne defire pas encore de l'apprendre. J'ai mis cœur & corps, force & pouvoir,
à fervir la Beauté dont je fuis amoureux. Si elle
me fait fouffrir des peines, peut-être m'en

Bien me le pora merir ;
K'ele a pooir d'accomplir
Mon voloer tote ma vie ,
Ma très douce chiere amie,

X V.

Moult m'eſt bele la douce commencance
Du nouviau tens à l'entrant de Paſcor ,
Que bois & prez ſont de mainte ſemblance ,
Vert & vermeil , couvert d'erbe & de flor !
Et je ſuis , las ! du tout en tel alance ,
  Qu'à mains jointes aor
Ma bele mort , ou ma haute richor.
Ne ſai lequel , s'en ai joie ou paor ;
Si qe ſouvent chant là où de cuer plor ;
Car lonc reſpis m'eſmaie & m'eſchéance.

Jà de mon cuer n'iſtra mais la ſemblance
Dont me conquiſt , à moz plain de douçour ,
Cele cui j'ai tozjors en remenbrance ,
Si que mes cuers ne ſert d'autre labour.
Ha ! franche riens , en cui j'ai ma fiance ,
  Merci pour voſtre honour ;
Car s'en vos truis ſemblant mentéour ,
Vos m'aurés mort à loi de traitour.
S'en vaudra mout noans voſtre valour ,
Si m'ociés enſi par decevance.

récompenfera-t-elle. Ma très douce & chère amie peut bien accomplir mon vouloir : j'efpérerai toute ma vie.

Que je me plais à goûter les douceurs de la faifon nouvelle aux approches de Pâques, tems où les bois & les prés fe parent de verdure & de l'émail des fleurs! Cependant ce fpectacle ne peut charmer l'ennui de mon ame incertaine. Je demande à mains jointes, ou ma mort ou mon bonheur; & je ne fais quel fera mon fort. De là naît mon efpoir, ou ma crainte. Auffi chanté-je fouvent lorfque mon cœur eft trifte : car une longue attente m'alarme fur mon fort futur.

Jamais de mon cœur ne fortira l'image de celle qui me conquit avec un langage plein de douceur, de celle à qui je fonge toujours ; fi bien que c'eft l'unique occupation de mon cœur. Ah! franche créature, en qui j'ai mis tout mon efpoir, pour votre honneur, avez pitié de votre amant; car fi vous m'euffiez furpris par un faux femblant, ce ferait en trahifon que vous me feriez mourir; & pareille action diminuerait votre mérite.

Las ! com ma mort de débonere lance,
S'enfi me let morir à tel dolor !
De ses beaux eulz me vint sans défiance
Ferir au cuer qu'aimz n'i ot autre eftor.
Moult volentiers empresife vengeance,
          Par Dieu le criator ;
Tel que mil fois la péusse le jor
Ferir au cuer d'autre tele favor.
Ne jà certes n'en féisse clamor,
Se j'eusse d'enfine vengier poissance,

Ne cuidiés pas, Dame, que je recroie
De vous amer, se mort nel me deffent :
Car fin amors tient mon cuer & maistroie,
Qui tout me donne à vous entierement.
Si que jou n'ai confort de moi ne joie,
          Et qu'il m'avient souvent
Que je m'oubli penfant entre la gent :
Et tel delit ai en mon penfement
De vous, Dame, à qui Amors me rent,
Que s'à vous n'ert, jà parler n'enquerroie.

Ha ! franche riens, puifqu'en voftre manoie
Me sui tous mis, trop me secorés lent ;
Car nus dons n'eft cortois qui trop délaie :
Si s'en esmaie icil qui s'i atent.
Uns petiz bien vaut mieuz, se Dex me voit,
          Qu'on fait cortoisement ;

Hélas ! comme je mourrai d'une douce mort ,
s'il me faut mourir du trait dont elle m'a blessé !
Ses regards me le lancerent au moment où je ne
m'en défiais pas , & avant que je puffe m'en
défendre. Bon Dieu! qu'avec plaifir j'entrepren-
drais de me venger, fi mille fois le jour je
pouvais faire à fon cœur une femblable bleffure !
Certes je ne me plaindrais plus, fi je pouvais
ainfi me venger.

Dame , ne penfez pas que je renonce à vous
aimer , fi la mort ne m'y condamne. Un amour
conflant tient mon cœur captif, & le maîtrife.
Il me donne à vous tout entier ; fi bien que je
n'ai de moi-même ni confolation ni joie, & que
fouvent il m'arrive de m'oublier en rêvant dans
les fociétés : rêverie délicieufe, & que le plaifir
de vous parler, vous à qui l'Amour me foumet,
peut feul interrompre.

Ah ! franche créature, vous me fecourez trop
lentement, moi qui fuis en votre puiffance. Un
don trop différé n'eft plus une courtoifie ; &
celui qui croit y avoir droit, s'en fâche. Un petit
bienfait, accordé avec courtoifie, (j'en attefte
Dieu) vaut mieux que cent autres plus grands,

Que cent greignor fais ennieufement,
Car qui le fuen donne retraiamment,
Son gre en pert : & fi cofte aufiment
Con à celui qui bonement outroie,

Envoi.

Chançon, va-t'en là où mes cuers t'envoie :
Là troveras, ne l'os dire autrement,
Cuer fanz merci, cors graille, blanc & gent,
Et vis riant, & grant biauté veraie,

XVI.

Quant voi venir le bel tanz & la flour,
Que l'erbe vers refplent aval la prée ;
Lors me fouvient d'une douce dolour,
Et du douz lieu où mes cuers tent & bée,
S'ai tant de joie, & s'ai tant de douçour
Que partir n'en porroie à nul jour :
Et quant je fui pluz loinz de la contrée,
Tant eft plus près mes cuers & ma penfée.

Voir il n'eft riens dont je foie en triftour,
Quand me fouvient de la très bele née :
Et fi cuit bien que je faiz grand folour,

faits de mauvaise grace ; car celui qui voudrait retenir ce qu'il donne, perd son droit à la reconnaissance, quoique cependant il lui en coûte autant qu'à celui qui donne de bonne grace.

Chanson, va-t'en où mon cœur t'envoie : là tu trouveras, je n'ose le dire autrement, cœur sans merci, corps svelte, blanc & joli, visage riant, & beauté sans fard (3).

A l'approche du beau tems, à la vue des fleurs qui émaillent la verdure des prés, je me souviens, avec une douce mélancolie, du lieu charmant où mon cœur tend & aspire. Ce souvenir est si doux, que je m'en occupe sans cesse ; plus je suis loin de ma Dame, plus mon cœur en est prés.

Non, rien ne m'attriste, quand il me souvient d'elle. Ce n'est pas qu'y penser soit chose raisonnable ; car maintes fois je l'ai trouvée trop

(3) Ces vers prouvent peut-être qu'on mettait du rouge dès ce tems-là.

Quar maintes fois l'ai mult dure trouvée :
Maiz biauz femblanz me remet en vigour.
S'emploïerai moult bien la grant amour
Dont je l'ai tant dedenz mon cuer amée,
Se loïautez m'i laift avoir durée.

Dame, merci, fe je fuis fins amis;
N'efprouvés pas four moi voftre venjance :
Car voftre fui & ferai à touz dis,
Je nou tairai pour mal ne pour grevance.
Se par vos fui de bien amer efpris,
Douce Dame, ne m'en doit eftre pris ;
Et fe por vos trai ire ne pefance ,
Jà n'en charrai en mauvaife efpérance.

Biau fire Dieu ! coument porrai avoir
Icefte amour que tant aurai requife?
Jà nel deuft ne fouffrir ne voloir
La douce riens qui tant eft bien aprife ,
Puiz qu'ele m'a du tout en fon pooir.
Ne me féift fi longuement doloir
S'ele feuft com s'Amors me juftife ;
Jà ne faufift piriez ne l'en fuft prife.

Cette chanfon ne fe trouve pas dans le manufcrit de M. de Paulmy; elle ne fe trouve que dans
celui du Roi.

cruelle : mais l'image enchanteresse de sa beauté ranime mon délire. L'ardent amour dont mon cœur depuis si long-tems brûle pour elle, pourra faire mon bonheur, si loyauté continue d'en nourrir la flamme.

Dame, je vous crie merci; vous aimer constamment, serait-il donc un crime qui méritât votre vengeance ? Je vous appartiens, & c'est pour la vie, quelles que soient les peines auxquelles je m'expose. L'amour que vous m'avez inspiré, & dont je suis si vivement épris, ne me doit pas rendre plus malheureux : il peut me faire souffrir, mais non me désespérer.

Grand Dieu ! comment pourrai-je obtenir ce retour que j'ai tant sollicité ? une Beauté si heureusement née peut-elle vouloir le malheur de l'amant qu'elle asservit ! Elle abrégerait ma douleur, si elle connoissait le supplice que j'éprouve en l'aimant, & sa pitié l'intéresserais en ma faveur.

X V I I.

Commencement de douce seson bele
    Que je voi revenir,
Remenbrance d'amors qui me rapele
    Dont jà ne puis partir,
Et la mauviz qui coumence à tentir,
Et li douz sons dou ruissel de gravele
    Que je voi resclaircir,
    Me font ressouvenir
    De la où tuit mi bon desir
    Sont & feront jusqu'au morir,

Touz tens m'est plus amor fresche & novelle,
    Quant recort à loisir
Ses eulx, son vis, qui de joie sautele,
    Son aler, son venir,
Son biau parler & son gent contenir,
Son douz regart qui vient d'une estencele
    Mon cuer au cors férir,
    Sans garde de périr.
    Et quant je plus plaing & soufpir,
    Plus fui joians & plus m'aïr.

Loiaus amors, & fine & droituriere,
    M'a si en son povoir,
Que ne m'en puis partir ne trere arriere ;
    Ne je n'en ai voloir,

Commencement

« Commencement de douce & belle faifon
dont je vois le retour , fouvenir d'amour qui
m'attire , & dont je ne puis plus me départir ,
le chant nouveau de l'alouette . l'agréable mur-
mure du ruiffeau qui s'éclaircit en roulant fur le
gravier ; tout me rappelle l'idée de la Dame pour
qui font & feront jufqu'à la mort tous mes vrais
defirs.

Mon amour pour elle fe renouvelle en toute
faifon , & me femble plus délicieux chaque fois
qu'à loifir je penfe à fes yeux , à fa phyfionomie
qui pétille de joie, à fa façon d'aller & venir, à
fon parler gracieux , à fon gentil maintien , à
fon regard doucement étincelant d'un feu qui
pénètre jufqu'à mon cœur, & le brûle fans le
confumer. Alors plus je me plains & plus je
foupire , plus je m'enflamme & plus je jouis du
plaifir d'aimer.

Amour loyal, conftant & fidéle , exerce fur
moi tel empire que je ne peux m'y fouftraire.
La volonté même eft impoffible. L'amour dont
on peut fe dégager , n'eft point de l'amour , c'eft

N'eſt pas amors dont l'en ſe puet mouvoir,
Ne cil amis qui en nule maniere
    La bée à decevoir :
    Dont faz-je bien ſavoir
    Qu'enſemble convient remanoir
    Moi & Amors par eſtouvoir.

Se li ennuis de la gent malparliere
    Ne me feïſt doloir,
J'euſſe bien joie fine & entiere
    D'eſgarder, de véoir.
Mès ce que n'os por aus ramentevoir,
Conoiſſiez, Dame, au viz & à la chiere,
    Que je n'ox mon voloir
    Dire, por percevoir :
    Mès bone Dame doit ſavoir,
    Conoiſſance & merci avoir.

Vos merci-je, ma douce Dame chiere,
    Quant vous daigniez voloir,
Et qu'il vos plaiſt à oïr ma proiere
    Enſi com je l'eſpoir.
Mais ſe pitiez me pooit eſchéoir,
Granz fuſt ma joie & peine legiere,
    Sanz point de meſchéoir :
    Mais mout me fait bien voir
    Amors qu'elle vos trait à oïr
    De moi faire à voſtre voloir

une tromperie; & qui vise à tromper, est indi‑
gne du nom d'ami. Aussi fais-je savoir que de
toute nécessité Amour & moi demeurerons enga‑
gés l'un à l'autre.

Dame, sans la médisance qui me nuit & me
désole, je pourrais bien jouir de la vraie & en‑
tière satisfaction de vous regarder. Mais ce que
mes yeux n'osent vous dire, vous le devinez sans
doute à mon air & à ma figure. Le desir que
je crains de laisser appercevoir, doit vous être
connu; &, le connaissant, vous devez, si vous
êtes bonne, en avoir merci.

Je vous remercie, ma douce & chère Dame,
de ce que vous daignez, en agréant mon desir
& en écoutant ma prière, flatter mon amoureux
espoir. S'il arrivait que pour moi vous fussiez
touchée de pitié, grande ferait ma joie, & toute
peine légère; c'est chose constante. Mais Amour
me fait trop bien voir que vous n'acceptez un
ami que pour en faire votre esclave.

Chançonete, por voir,
A cele que tant fcis valoir
Te feras en Flandres favoir :
Philippe, à mon pooir,
Pri Amors que vos lait véoir,
Ce que fins amanz doit avoir.

X V I I I.

La douce voix du rofignol fauvage
Qu'oi nuit & jor cointoier & tentir,
Me radoucit mon cuer & rafouage ;
Lors ai talent que chant pour efbaudir.
Bien doi chanter, puifqu'il vient à pléfir
Celi qui j'ai de cuer fait lige hommage :
Si doi avoir grant joie en mon corage,
S'ele me daigne à fon oes retenir.

Onques vers li n'oi faus cuer ne volage,
Si m'en devroit por ce melz avenir.
Ainz l'aim, & ferf, & aor par ufage,
Si ne li os mon penfer defcouvrir :
Car fa biauté me fet fi esbahir,
Que je ne fai devant li nul langage ;
Ne regarder n'os fon fimple vifage,
Tant en redout mes enlx à départir.

Tant ai en li ferm affis mon corage
Qu'ailleurs ne pens : & Dex m'en doint joïr !

Chanſonnette, je n'en doute pas, la Dame de qui le mérite eſt tant connu, voudra bien t'apprendre en Flandres & te chanter; & vous, Philippe, vous ſaurez qu'à mon pouvoir je prie Amour de vous laiſſer voir ce que parfait amant doit poſſéder.

La douce voix du roſſignol ſauvage que j'entends nuit & jour s'égayer & chanter, adoucit les peines de mon cœur & les ſoulage. Pour me réjouir, je veux chanter moi-même. Je le dois, puiſque c'eſt le plaiſir de celle à qui j'ai fait l'hommage lige de mon cœur. J'aurai bien grande joie, ſi elle daigne me retenir à ſon ſervice.

Moi, qui n'eus jamais pour elle un cœur ni faux ni volage, je devrais être plus heureux. Il m'eſt ſi naturel de l'aimer, de la ſervir & de l'adorer! Cependant je n'oſe lui découvrir ma penſée. Sa beauté me trouble au point que devant elle je ne ſais que dire. Je n'oſe même l'enviſager, tant je crains de ne pouvoir ſoutenir ſon regard.

Je l'aime d'un amour ſi conſtant, que je ne puis penſer qu'à elle. A Dieu ne plaiſe que j'en

C'onques Triſtans, cil qui but le buvrage,
Si coriaument n'ama s'en repentir :
Car g'i met tot cuer, & cors, & deſir,
Sens & ſavoir. Ne ſai ſe fas folage ;
Ançois me doute qu'en treſtout mon aage
Ne puiſſe li ne s'amor deſervir.

Je ne di pas que je face folage,
Nès ſe pour li me devoie morir :
Qu'el mont ne truis ſi bele ne ſi ſage ;
Ne nule riens n'eſt tant à mon pléſir.
Mult aim mes euz qui me firent choiſir :
Lues que la vi, ſi leſſai en oſtage
Mon cuer qui puis i a fet lonc eſtage ;
Ne jamés jor ne l'en qier departir.

Chançon, va-t'en pour faire mon meſſage
Là où je n'os treſtorner ne guenchir :
Que tant redout la male gent ombrage
Qui devinent ains que puiſt avenir
Le bien d'amors. Dex les puiſſe maléir !
Qu'à maint amant ont fet ire & outrage ;
Mès de ce ai toujors mal avantage,
Q'il les meſtué ſus mon gré obeir.

Dans cette chanſon le châtelain commence
à ſe plaindre de ce qu'on s'eſt apperçu de ſon
amour, & qu'on en jaſe.

fois aimé! Triſtan, même après avoir bu ſon fameux breuvage, ne fut pas plus amoureux que moi, & avec moins de repentir; car je mets à l'aimer cœur & corps, raiſon & ſentiment. Je ne ſais ſi c'eſt folie; mais je doute qu'en toute ma vie je puiſſe mériter d'elle un amoureux retour.

Non, ce n'eſt point folie, duſſé-je mourir pour elle! Je ne trouve au monde rien de ſi beau, de ſi ſage, rien qui me plaiſe autant, Que je ſais bon gré à mes yeux qui fixèrent mon choix! Lorſque je la vis, je lui laiſſai mon cœur en ôtage; il y eſt depuis long-tems, & jamais je ne veux l'en retirer.

Chanſon, ſois ma meſſagère, vois celle que je n'oſe approcher d'aucune façon, tant je redoute ces gens ombrageux & malins qui devinent le bonheur d'un amant avant qu'il ſoit réaliſé. Puiſſe Dieu les maudire! Ils outragent, ils déſeſpèrent maint amant : & tel eſt mon malheur, que, pour eux, je ſuis obligé de me contraindre.

XIX.

Merci clamanz de mon fol errement,
Ferai la fin de mes chançons oïr;
Car trahi m'a & mort à mien efcient
Mes jalous cuers cui je doi tant haïr.
Tel mal m'a fait, por le dit d'autre gent;
Tuit fon parti de moi joïous talant:
Et quant joie me faut, bien eft raifons
Qu'avec ma joie faillent mes chançons.

Bien fai qu'il eft tans, & lieus, & raifons
Qu'à tous les biens du mont doie faillir;
Car porquis l'ai, & moie eft l'acoifons;
Et qui mal quiert, il doit bien mal foffrir.
Dex doint que mors en foit mes guerredons,
Ainz que de moi face liés les felons!
Mais por martir vivrai, & por véoir
Ma bele perte, & por plus mal avoir.

De poi me fert qui me vuet conforter
D'autrui amer; mieuz le voudroit taifir.
Car en mon cuer ne porroie trover
Que je de li partiffe mon defir.
Se ce me fait que me vuille grever,

Merci de mon fol égarement! Je le déplore
en cette chanfon, la dernière que je ferai entendre. Mon cœur m'a trahi : qu'il doit m'être
odieux ! Je meurs pour en avoir fuivi les jaloux
mouvemens. Trop prompt à croire les rapports,
il a caufé mon malheur. Auffi n'ai-je plus talent
d'être joyeux. Quand ma joie finit, il eft bien
raifon qu'avec elle finiffent mes chanfons.

Je fais trop que je dois perdre tous les biens
de la vie : tout me condamne à une peine que
j'ai volontairement encourue. Qui cherche fon
malheur, le trouve & doit le fouffrir. Puiffé-je,
en me réfignant à la punition de ma faute,
mériter de Dieu la grace de mourir avant d'a-
voir vu la joie des félons! Mais non; je vivrai
pour prolonger mon martyre, pour voir la
Beauté dont j'ai perdu l'amour, pour fentir des
maux plus cruels que la mort.

Quel fervice me rend celui qui, pour me
confoler, me dit d'en aimer une autre ? Mieux
vaudrait fe taire; car je ne pourrais obtenir de
mon cœur la liberté de changer l'objet de mon
defir ; objet qui ne me captive que pour éter-

Puifque s'amor m'a faite comparer,
Tot li pardoing à mon definement;
Et fi mes cuers li faut, m'amour li rent.

S'ainz nus amanz ont de meffait pardon,
Donc me devroit bien par droit tieus tenir;
Car je forfis en bone entençion,
Et bien cuidai que me deuft mérir :
Mais ma Dame ne quiert fe mal non;
Por ce fi hé moi & ma garifon;
Et quant mi mal li font bel & plaifanz,
Por ce me hé & fui mès malvuillanz.

As fins amanz pri qu'il dient le voir :
Liquelx doit mieuz par droit d'amors joïr;
Ou cil qui aime de cuer, a fon pooir,
Et ne s'i fet mie très bien covrir;
Ou cil qui prie fans cuer, por decevoir,
Et bien s'i fet garder par fon favoir?
Dites, amanz, qui vaut mieuz par raifon,
Léaus folie, ou fage trahifon ?

Il paraît par cette chanfon que le châtelain n'avait pu contenir un mouvement de jaloufie mal fondée, qui avait caufé une légére tracaf-ferie entre lui & fa Dame.

nifer ma fouffrance. Que j'ai payé bien cher le plaifir de l'aimer! A l'approche de ma fin, je lui pardonne tout; & fi mon cœur eft coupable d'une faute, mon amour faura l'expier.

Si jamais on pardonna la faute d'un amant, on devrait bien pardonner la mienne. C'eft un forfait, je l'avoue; mais trop d'amour en fut la caufe. Mon défefpoir me fembla raifonnable, & je crus mériter quelque pitié. Mais ma Dame ne fe plaît qu'à me voir malheureux : elle me hait pour toujours, & mon malheur durera autant que fa haine. Quand elle s'en fait un plaifir, puis-je en vouloir la fin! Je dois me haïr moi-même.

O vous, loyaux amans! parlez vrai, je vous prie. Lequel a plus de droit aux faveurs d'amour; ou de celui qui, aimant avec franchife & de tout fon pouvoir, ignore l'art de maîtrifer les mouvemens de fon cœur; ou de celui qui, favant en ce même art, ne feint d'aimer qu'autant qu'il faut pour féduire? Dites, amans; une franchife imprudente ne vaut-elle pas mieux qu'une fage trahifon?

X X.

A la douçor du tens qui raverdoie,
Chantent oifel & floriffent vergier :
Mès je ne fai dont resjoïr me doie,
Quant à merci fail, quant plus je la quier.
Je chanterai fanz joie & fanz proier,
Que ma mort voi, ne faillir n'i porroie,
Puis qu'Amors veut que contre moi la croie.

Dex! qu'a Amors qui touz les fiens guerroie,
Ceus qu'ele puet grever ne meftroïer ?
Li biax femblans qu'en ma Dame trouvoie,
M'a trop grevé, n'ainc ne mi vout aidier,
Cele mi fu cruels à l'acointier,
Je fai de voir qu'à fon tort me meftroie ;
Si me convient qu'à fa volenté foie.

Puifqu'enfi eft qu'à li ne puis contendre,
Ou vueille ou non, fervir la me convient.
Qui cuide avoir grant joie por ateudre,
Bien doit fervir ; mès cil qui faillir crient
Eft fi deftroiz, quant fecors ne li vient.
Mès je ne puis moi ne mon cuer défendre
De plus amer, qu'Amors ne me vuet rendre.

La douceur de la faifon où la verdure fe
renouvelle, fait chanter les oifeaux & fleurir les
vergers. Pour moi, qui, plus je demande merci,
moins je l'efpère je ne fais chofe dont je doive
me réjouir. Je chanterai néanmoins fans être
joyeux ; & n'effaierai point d'éloigner par des
prières une mort que je vois inévitable. Puifqu'Amour le veut, je m'y condamne moi-même.

Dieu ! faut-il toujours être en guerre avec l'A-
mour ! Ne fe rend-il donc maître d'un cœur que
pour s'en faire le tyran ! Le beau femblant de
ma Dame a caufé mon malheur. Il eft fans re-
mède, puifqu'en la connaiffant mieux, je l'ai
trouvée cruelle. Je fais qu'elle a tort de me trai-
ter en efclave ; mais elle le veut, & je dois me
foumettre.

Puifque je ne peux m'oppofer à fa volonté,
il faut que bon gré mal gré je fois fon efclave.
Qui croit à la récompenfe de fes longs fervices,
doit fervir de tout fon cœur : mais qui craint
de la manquer, perd courage, fi elle eft trop
rétardée. Hélas ! comment ne plus aimer ! Je
ne puis m'en défendre ; encore moins mon cœur,
qu'Amour ne veut pas dégager.

Grand péchié fet qui son homme veut prendre
Par biau semblant monstrer tant q'il le tient :
Ensi me fit ma Dame à li entendre,
Dont or me fet tel cuidier se devient
Qui en veillant faut, & en dormant vient ;
S'en n'est l'amor & croist qui jà n'iert mend' e ,
Dont el me fet & flamber & esprendre.

Je ne tieng pas l'amor à droit partie
Dont il convient morir en trop amer :
Si me couvient qu'en morant chante & rie,
Et faz senblant de ma joie cuidier.
Amors me dit qu'ensi doi endurer,
Mort esperant & en atendant vie.
Morir en puis , mès ne sai que g'en die.

Dame , valour , beauté & cortoisie
A tant en vos qu'on n'i sai qu'amender ;
S'auvec ces biens acuilliez félonie ,
Par achoison de voltre ami grever ,
Voltre fin cuer en feriez blasmer ,
Qui voltre sui en voltre seignorie ,
En voltre amour qui donra mort ou vie.

Li ctiens de Blois devroit bien mercier
Force d'Amours qui li dona amie.
Amer pot il ; mès il n'en morut nie.

C'eſt grand péché de ne montrer beau ſemblant à un homme que juſqu'à ce qu'il ſoit retenu
dans le piége auquel on voulait le prendre. Tel
fut l'artifice de ma Dame, pour m'attirer à elle,
& exciter en moi un eſpoir qui, en veillant,
s'anéantit, & renaît en dormant. Ainſi ſe nourrit
& ſe fortifie un amour qui jamais ne s'affaiblira:
ainſi s'accroît la flamme dont je ſuis épris.

Je tiens qu'il eſt contre tout droit de préten-
dre que, pour trop aimer, il faille mourir. Eſt-
ce un devoir, en mourant, de chanter, de rire,
de feindre qu'on ne penſe qu'à la joie? Amour
me dit que je dois ainſi braver la mort, ſans
déſeſpérer de ma vie. Mourrai-je? Je ne fais
plus trop qu'en dire.

Dame, vous en qui l'on ne peut déſirer plus
de courtoiſie & de beauté, plus de qualités eſti-
mables, ſi vous joigniez à ces mêmes qualités la
volonté de rendre votre ami malheureux, ce
ferait félonie. On vous en blâmerait, parce
qu'Amour vous a faite ma ſouveraine, avec
pouvoir de me donner la mort ou la vie.

Le comte de Blois devrait bien remercier
Amour, qui pour lui força le cœur de ſa Mie. Il
a aimé; mais il n'en eſt pas mort.

Le manuſcrit de Clairambaut donne la chanſon précédente à Blondeau de Neſle ; & celui de Noailles, au châtelain.

Le comte de Blois, dont il eſt parlé, était Thibault I, dit le Bon, comte de Blois & de Chartres, dernier grand-ſénéchal de France en 1153, qui fut tué au ſiège d'Acre en 1191. L'office de ſénéchal fut ſupprimé à ſa mort. Le connétable & le grand-maître partagèrent les fonctions de cette charge.

X X I (1).

A vous, amans, plus qu'à nul autre gent,
Eſt bien raiſon que ma dolor complaingne,
Quant il m'eſtuet partir outréement,
Et deſſevrer de ma loyal comgaingne :
Et ſe la pert, n'eſt rien qui me remaingne,
Et ſachiés bien, Amours, certainement,
Si nus morut por avoir cuer dolent,
Jamès par moi n'iert léus vers ni lais.

Beau ſire Dex ! que iert donc, & coment
Iert tex la fins qu'il m'eſtuet congié prendre ?
Oïl, par Deu ; ne puet eſtre autrement :
Aler m'eſtuet morir en terre eſtrange.

(1) Les huitièmes vers de chaque couplet riment enſemble.

Amans,

Amans, il eſt bien raiſon que , de préfé-
rence à tous autres, vous ſoyez les confidens
de ma douleur & de mes plaintes , quand , pour
aller outre-mer , il faut me ſéparer de ma loyale
compagne. En la perdant , je perds tout au
monde. Sache , Amour , que ſi jamais homme
mourut de douleur , on n'entendra plus de moi
lais ni chanſons.

Bon Dieu ! que faire ? Cette ſéparation eſt-
elle donc une néceſſité à laquelle je doive enfin
obéir ? Oui , ſans doute : il faut que j'aille loin
de ma compagne mourir en terre étrangère,

Or ne cui: nus que granz duel me foū aigue,
Quant de li n'ai confort ne garison,
Ne de nule autre aveir joie n'atent,
Fors que de li : ne fai se c'iert jamès.

Beau fire Dex! que iert du defirer,
Du douz folaz & de la compaignie,
Et de l'amour que me foloit moſtrer
Cele qui m'ert & compaigne & amie?
Et quant recort fa fimple cortoifie,
Et les douz moz dont fuet à moi parler,
Comment me puet li cuer au cors durer!
Quant ne me part, certes moult eft mauvès

Ne me vuet Dex pas por noiant doner
Treitous les biens q'ai eūs en ma vie;
Ainz les me fet chierement comperer,
Quant il m'eftuet departir de ma Mie.
Merci li cri qu'ainz ne fis vilanie;
Car vilain fet bone amor defevrer.
Ne de mon cuer ne puis s'amor ofter;
Si me convient que je ma Mie lès.

(1) Or font tout lié li fol lofengéour

(1) Ce couplet & l'envoi ne font que dans le manufcrit
du Rvalan.

J

Qu'on ne croie pas que mourir soit chose si douloureuse pour moi, de qui elle voit le tourment sans le soulager, pour moi qui d'elle seule espère toute ma joie ; espérance que peut-être elle ne réalisera jamais.

Bon Dieu ! comment vivre sans les désirs qu'inspire la présence de ma compagne & amie, sans le plaisir consolant d'être avec elle, sans les douceurs de son amitié ! Quand je songe que je ne verrai plus la manière simple & affable dont elle m'accueille, que je n'entendrai plus le ton flatteur dont elle me parle, comment mon cœur n'abandonne-t-il pas mon corps ! C'est bien mal à lui de ne vouloir pas s'en séparer.

Je le vois : Dieu ne veut pas que j'aie pour rien tous les biens dont j'ai joui en ma vie. Qu'il me les fait chèrement payer, en exigeant que je m'éloigne de celle que j'aime ! Je lui crie merci pour un amour dont il devrait permettre les douceurs à qui fut toujours honnête. Qui ne l'est pas, mérite seul d'en être sevré. Hélas ! je ne puis l'arracher de mon cœur cet amour ; & il faut m'arracher de ma Mie !

Quelle joie pour les envieux à qui mon bon-

Que il peſoit des biens qu'en avoie.
Jà pelerins de ce n'iere à ſéjour,
Que jà vers culz bonne volenté aie.
Se je puis bien perdre toute ma joie,
Que tant mal m'ont fait li traïtour.
Se Diex voloit que euſſent mal jour,
M'ame poroit charger plus peſant fais.

Je m'en vois, Dame : à Dieu le créatour
Vous commant-je, en quel lieu que je ſois.
Je ne ſai més ſi verrez mon retour,
Et ſi ne cuit que jamès nous revoie.
Més je vous pri que où que mes cuers traie,
Que nos convens vous me teigniés.
Si prie Dieu qu'auſſi m'envoit honnour
Com je vous ai eſté amis & vrais.

. . . . Va, chançon, ſi t'en proie,
Que je m'en vois ſervir noſtre Seignour:
Et ſachiez bien, Dame de grant valour,
Si je revieng, que pour vous ſervir vois.

X X I I.

Ahi ! Amors, com dure départie
Me convendra fere pour la meillor
Qui onques fuſt amée ne ſervie !

heur faifait peine ! mon pélerinage finirait, que
je ne finirais pas de leur en vouloir. Il eft
poffible que pour moi tout bonheur foit perdu :
ils m'ont fait tant de mal, les traîtres ! Oui, fi
Dieu voulait me venger d'eux, s'ils éprouvaient
des malheurs, le mien, fût-il encore plus acca-
blant, me deviendrait fupportable.

Je pars, ma Dame. En quelque lieu que je
fois, je vous recommande à Dieu notre créateur. Incertain de mon retour, j'ignore fi vous
me reverrez, fi je vous reverrai. Mais vous favez
nos conventions ; par-tout où je ferai, mon
cœur les réclamera : je vous prie d'y être fidéle.
Je prie auffi Dieu d'égaler la gloire que j'ac-
querrai, à la vérité de l'amour que j'ai eu pour
vous.

Chanfon, je t'en prie, preffe-toi d'aller an-
noncer que je pars pour le fervice de notre
Seigneur : & vous, Dame de rare mérite, fou-
venez-vous, fi j'en reviens, que c'eft pour vous
que je fuis parti.

Hélas ! Amour, qu'il eft cruel de fe féparer de
la meilleure femme qui fut jamais aimée &
fervie ! Puiffe Dieu, par fa bonté, me ramener

Dex me ramaint a li, par sa douçor,
Si voirement com g'en part à dolor.
Dex ! q'ai-je dit ? Ja ne m'en part-je mie,
Ainz va mes cors servir notre Seignor,
Mes cuers remaint du tout en sa baillie.

Pour li m'en vois sofpirant en Surie,
Car nus ne doit faillir son criator.
Qui li faudra à cest besoin d'aïe,
Sachiez de voir qu'il faudra à greignor.
Et sachiez bien li grand & li menor
Que la doit-on fere chevalerie ;
C'on i conquiert paradis & honor,
Et pris, & los, & l'amor de sa Mie.

Qui ci ne veut avoir vie honteuse,
S'aille morir pour Dieu liez & joieus :
Car ceste mors est bone & glorieuse,
Qu'en i conquiert le raigne glorieus.
Ne ja de mort n'en i morra un seus ;
Ainz nestront tuit en vie glorieuse,
Je n'i sai plus qui ne fust amoreus,
Trop fust la voie & bone & deliteuse.

Dex est assis en son saint héritage :
Ore i parra com cil le secorront
Que il geta de la prison honbrage,
Quant il fut mis en la croix que Turc ont,

auprès d'elle avec un plaisir égal à la douleur
que j'éprouve en m'en séparant! Dieu! qu'ai-
je dit? Je ne m'en sépare point. Mon corps va
servir le Seigneur, mais mon cœur demeure tout
entier près d'elle.

Soupirant pour elle, je m'en vais en Syrie.
On ne doit pas manquer à son créateur. Qui
manquerait à le secourir dans ce besoin, lui manquerait sans doute dans un besoin plus pressant.
Sachez tous que c'est là que l'on doit se signaler
par mille exploits de chevalerie. On y gagne
paradis, honneur, gloire, louange, & l'amour
de sa Mie.

Que celui qui craint de vivre avec honte,
aille mourir avec joie pour son Dieu. Quelle
mort plus belle & plus glorieuse! Le royaume
des cieux en est la récompense. Que dis-je? ce
n'est point une mort. Mourir ainsi, c'est naître
pour la gloire, c'est commencer à vivre. Ah
sans l'amour, que ce voyage aurait de charmes!

Dieu est assiégé dans son saint héritage. Il
s'agit de voir comment le secourront ceux qu'il
a rachetés de l'enfer, en mourant sur la croix
que les Turcs profanent. Honte, déshonneur, à

Bien font honi tuit cil qui remanront,
Se nes retient pouretez ou malage :
Et cil qui riche & fain & fort feront,
N'i puent pas demorer fans hontage.

Tuit li clergié & li homme d'aage
Qui en aumofnes & en bienfet meinront,
Partiront tuit à ceft pélérinage,
Et les Dames qui chaftée tenront,
Se loïauté font à ceux qui i vont.
Et s'eles font par mal confeil felage,
A lafches gens mauvefes le feront ;
Car tuit li bon s'en vont en ceft voyage.

M. de la Ravalliére cite cette chanfon comme femblable à peu près à celle du Roi de Navarre, commençant ainfi :

« Signor, faciez, ki or ne s'en ira
En cele terre, ù Diex fu mors & vis, &c. »

Il la donne à Raoul II de Coucy, tué à la Maffoure, & la prétend imitée du Roi de Navarre ; mais le Châtelain de Coucy, qui en était le véritable auteur, étant mort en 1191, c'eft le Roi de Navarre qui a été l'imitateur.

Le manufcrit du Vatican la donne au *Comte de Béthune* ; mais il fe trompe vifiblement. Cette chanfon eft abfolument du même ftyle que celles du Châtelain : & fa paffion y perce, malgré ce qu'il croit devoir à Dieu.

quiconque , fans raifon de maladie ou de pau-
vreté , ne vole pas à fon fecours ! Voilà le partage de ceux qui demeureront.

Les prêtres, les vieillards qui y contribue-
ront par leurs aumônes & leurs bienfaits ; les
femmes qui , malgré l'abfence , garderont fidé-
lité à leurs amans , partageront la gloire de
cette pieufe expédition. S'il en était d'affez
folles pour devenir infidèles , elles ne le feraient
que pour des lâches ; tous les braves chevaliers
font du voyage.

X X I I I.

S'onques nus hons gour dure départie
Ot cuer dolent, je l'aurai par réſon :
Onques turtre qui pert ſon conpaignon
Ne remeſt jor de moi plus esbahie.
Chaſcun pleure ſa terre & ſon païs,
Quant il ſe part de ſes coriax amis :
Mès nul partir ſachiez, queque nus die,
N'eſt dolereuz que d'ami & d'amie.

Se je ſeuſſe autretant à l'enprendre
Que li congiez me tormentaſt enſi,
J'euſſe miſe m'ame en voſtre merci,
S'alaſſe à Dieu graces & merciz rendſe
De ce que ainz ſouffriſtes à nul jor
Que je fuſſe baanz à voſtre amor,
Mès je me tieng apaiez à l'atendre,
Puiſque chaſcun vous aime ſi ſanz prendre,

Li remenoir m'a mis en la folie
Dont je n'iere gardez mainte ſeſon,
D'aler à li ore ai qui l'acheſon
Dont je morrai ; & ſe ne muir, ma vie
Vaudra bien mort ; car cil qui a apris
A eſtre liez, renvoiſiez & jolis,

Si jamais homme, au moment d'une féparation cruelle, eut le cœur navré de douleur,
je l'aurai à bien jufte raifon. Jamais tourterelle
qui perd fon tourtereau ne fut plus défolée
que moi. On pleure, on regrette fon héritage
& fon pays, quand il faut dire adieu à fes amis
de cœur : mais fachez qu'il n'eft adieu, quoi
qu'on dife, vraiment douloureux que celui d'ami
& d'amie.

Lors de mon entreprife, fi j'euffe fu tant
fouffrir en prenant congé, Dame, j'aurais mis
mon ame en votre merci, & ferais parti rendant
graces à Dieu de ce que vous ne m'aviez jamais
permis d'afpirer à votre amour. Enfin, je l'ai
cette permiffion, & je m'en contente, puifque
c'eft en defirant fans jouir, que chacun vous
aime.

En reftant, j'ai fait la folie dont je m'é-
tais fi long-tems gardé. J'ai cherché l'occa-
fion d'aller vous voir, & je vous ai vue. J'en
mourrai ; ou, fi je n'en meurs pas, ma vie fera
une mort véritable. Pour qui fut toujours d'hu-
meur gaillarde & enjouée, perdre la joie & la

A affez pis, quand fa joie eft faillie,
Que s'il moroit tout à une hafchie.

Un confort voi en voftre défevrance,
Que je n'aurai à Dieu que reprochier.
Mès quant pour li me convient vous leffier,
Onques ne vi fi dure défevrance.
Car cil qui voit tele amor défevrer,
Et n'a povoir q'il puiffe recouvrer,
A affez plus de duel & de pefance,
Que n'auroit jà li rois s'il perdoit France.

Pardieu, Amors, tout fui hors de balance :
Partir m'eftuet de vous fanz demorer.
Tant en ai fet que ne puis plus durer.
Et s'il ne fuft de remenoir viltance
Et reproche, j'allaffe demander
A ma Dame congié de retorner :
Mès elle eft, voir, de fi très grant vaillance,
Qu'à fon ami ne doit faire faillance.

gaieté eſt pis que recevoir le coup de la mort.

Ma ſeule conſolation, en me ſéparant de vous, eſt de n'avoir rien à reprocher à Dieu, qui voit mon amour avec indulgence. Mais quand il me faut vous laiſſer pour lui, eſt-il un devoir auſſi rigoureux? Qui ſe voit ſéparé de l'objet de ſon amour, ſans la poſſibilité de s'y réunir, éprouve une peine plus accablante que ne ſerait celle du roi, s'il perdait ſon royaume de France.

Amour, je n'ai plus à balancer; il faut partir. J'ai tant fait, qu'un plus long délai m'eſt impoſſible. Si ce n'était la crainte de m'avilir en reſtant, & de m'attirer un reproche, j'irais demander à ma Dame la permiſſion de (1) retourner ſur mes pas. Mais la nobleſſe des ſentimens qu'on priſe en elle, s'oppoſe à une complaiſance qui la ferait manquer à ſon ami.

(1) Que veut dire cette permiſſion de *retourner* qu'il ſerait tenté de demander à ſa Dame? Eſt-ce la permiſſion de ne point partir & de renoncer à ſon vœu, ou celle de revenir en Europe après quelque tems, & de ne point reſter dans la Paleſtine juſqu'à la mort, comme s'y engageaient certains croiſés?

Il paraît par ce dernier couplet, 1°. que cette chanſon eſt la dernière de toutes celles du Châtelain, & qu'elle fut faite au moment qu'il allait monter à cheval; 2°. que ſa

XXIV.

Chanson anonyme (1).

Li Chaftelains de Couci ama tant ,
Qu'ainz por amors nus n'en ot dolor graindre ;
Por ce ferai ma complainte en fon chant ,
Que ne cuit pas que la moie foit maindre.
La mort mi fet regreter & complaindre
Voftre cler vis , Eele , & voftre cers gent,
Morte vos ont frere & mere & parent ,
Par un très fol défevrement mauvés.

Por qui ferai mès ne chançon ne chant,
Quant je ne bé à nule amor ataindre ?
Ne jamès jor ne quier en mon vivant
M'ire , & mon duel , & ma dolor refraindre,
Car venift or la mort por moi deftraindre !
Si que morir m'eftént maintenant ;
C'onques mès hom n'ot un mal fi très grant ,
Ne de dolor au cuer fi pefant fais.

(1) Le dernier vers de tous les couplets eft fur une rime
particulière, & ces vers riment entr'eux, fans rimer avec
ceux du couplet.

Tant aima le Châtelain de Coucy, que, pour
aimer, on n'éprouva jamais douleur plus grande.
Je ne crois pas moindre la mienne. Aussi pren‑
drai-je son ton dans ma complainte. La mort,
ô ma Belle, me fait regretter votre figure jolie,
votre gentil corsage. Mère, frère, parens vous
ont fait mourir, en s'obstinant méchamment à
notre séparation.

Pour qui ferais-je encore airs & chansons,
quand je n'aspire plus au bonheur d'être aimé?
Je ne veux de ma vie affaiblir le sentiment de
ma colère & de ma douleur. Que la mort ne
vient-elle me saisir de façon qu'à l'instant je
meure! Non, jamais homme n'eut mal aussi
grand, affliction aussi accablante.

maîtresse ne demeurait point auprès de lui, puisqu'il craignait
qu'on 'ne lui fît un reproche d'aller lui demander une per-
mission; ce qui n'eût point retardé son départ, si le châ‑
teau de la Dame n'eût été qu'à une ou deux lieues du sien;
3°. enfin, que le Châtelain avait probablement obtenu les
faveurs de sa belle. Il semble au moins l'indiquer dans ces
deux vers, où il se repose sur l'estime qu'elle lui a inspirée,
pour croire qu'elle sera fidèle.

Mult ai véu & mult ai elprouvé
Mainte merveille éue & endurée :
Mès ceſte m'a le cors ſi aterré,
Que je ne puis avoir longue durée.
Or maudirai ma male deſtinée,
Quant j'ai perdu le gent cors acefmé
Où tant avoit de fens & de bonté,
Qui valoit melz que le roïaume d'Ais.

Je departi de li outre mon gré ;
C'eſtoit la riens dont je plus me doloie.
Ore a la mort le départ confermé ;
A touzjors mès c'eſt ce qui me tout joie.
Nule dolor ne fe prent à la moie :
Car je fai bien, jamès ne la verré.
Hélas ! chétif, où iré ? que feré ?
S'or ne me muir, je vivrai touzjors mais.

Pardieu, Amors, je ne vos pris noïent,
Car morte eſt cel pour qui je vous prifoie :
Je ne pris rien, ne biauté, ne jovent,
Or, ne argent, ne chofe que je voie.
Pourquoi ? pour ce que la mort tout meſtroie.
Je cuit Amors , & adieu le conmant,
Jamès ne cuit vivre fors en torment ;
Joie & déduit tout outréement lais.

Nous n'avons rapporté cette chanfon que
J'ai

J'ai vu, j'ai fenti, j'ai enduré peines mer-
veilleufes. Mais ce dernier coup m'a fi fort
atterré, qu'il eft impoffible que j'en relève. Je
ne peux y furvivre long-tems. Maudite foit ma
deftinée quand je fonge que j'ai perdu créature
fi gentille, fi fenfée, fi bonne, & valant mieux
pour moi que le royaume d'Ais (peut-être
d'Afie) !

Je me féparai d'elle bien malgré moi. Cette
féparation, plus douloureufe pour moi que chofe
au monde, la mort l'a rendue éternelle. Auffi
la joie m'eft-elle à jamais ravie. Il n'eft douleur
comparable à la mienne. Je ne la verrai plus,
je le fais. Malheureux que je fuis! hélas! où
aller? que faire? Si je ne meurs pas à préfent,
je ne mourrai donc jamais!

Oui, Amour, je ne vous prife rien. Celle pour
qui je vous prifais, n'eft plus. Je ne prife ni
beauté ni jeuneffe, or ni argent, ni chofe que
je voie. La raifon? c'eft que la mort difpofe
de tout en maîtreffe fouveraine. Je renonce à
l'Amour & lui dis adieu. Ma vie déformais fera
un tourment. Plaifirs, joie, je vous laiffe ».

parce qu'elle prouve combien l'amour du châtelain de Coucy était célébre ; puisque l'auteur
anonyme de cette chanson y dit *que, pour aimer,
on n'éprouva jamais une douleur plus grande
que la sienne.* L'histoire amoureuse de ce châtelain n'est donc pas un conte.

ROMANCE

DU DUC DE LA VALLIERE.

Les infortunées Amours de GABRIELLE DE VERGI _& de_ RAOUL DE COUCY (1).

Hélas! qui pourra jamais croire
L'amour de RAOUL DE COUCY?
Qui, sans pleurer, lira l'histoire
De GABRIELLE DE VERGI?
Tous deux s'aimèrent dès l'enfance:
Mais le Sort injuste & jaloux
L'avoit mise sous la puissance
D'un barbare & cruel Epoux.

FAYEL, Epoux de GABRIELLE,
Tourmenté de jaloux soupçons,
Avoit enfermé cette Belle
Dans les plus affreuses prisons:
Tout Amant étoit redoutable,
Mais sur-tout COUCY l'alarmoit;
Et GABRIELLE fut coupable
Dès qu'il sut que COUCY l'aimoit.

(1) Comme nous nous sommes flattés que nos Lecteurs prendraient intérêt à tout ce qui pourrait regarder les personnages de cette malheureuse histoire, nous avons cru leur faire plaisir en joignant ici la Romance de M. de la Vallière.

Elle employoit en vain les larmes
Pour parvenir à le calmer ;
Ni sa jeunesse, ni ses charmes,
Rien ne pouvoit le défarmer.
Quel est mon crime ? disoit-elle ;
L'innocence devroit toucher :
Je suis & je serai fidèle ;
Qu'avez-vous à me reprocher ?

Partage les maux que j'endure,
Répondoit l'inflexible Epoux :
J'ai tout appris ; crois-tu, Parjure,
Eviter un juste courroux ?
COUCY n'a que trop su te plaire,
Et bientôt je m'en vengerai :
Ce nom allume ma colere,
Mais dans son sang je l'éteindrai.

Cependant COUCY, le modèle
Des vrais & des parfaits Amans,
Ayant appris que GABRIELLE
Souffroit les plus cruels tourmens;
Par un effort que l'Amour même
N'approuva pas sans en frémir,
Des lieux qu'habite ce qu'il aime
Il résolut de se bannir,

Je vais, dit-il, par mon absence
Calmer le barbare FAYEL ;
Je quitte pour jamais la France :
Ah ! que ce départ est cruel !
N'importe, je me sacrifie
Au cher objet de mes amours :
Trop heureux, en perdant la vie,
Si je conserve ses beaux jours !

Il part, & va joindre l'armée
Dans les pays les plus lointains ;
Elle étoit alors occupée
A combattre les Sarrasins.
Il se met d'abord à la tête
De deux cents Chevaliers choisis ;
Avec leur secours il arrête
Tous les efforts des ennemis.

L'amour, le désespoir, la rage,
Tour à tour animant son cœur,
Redoubloient encor son courage ;
Enfin il revenoit vainqueur,
Quand d'une blessure cruelle
Il se sent déchirer le flanc :
Frappé d'une atteinte mortelle,
Il tombe baigné dans son sang.

Alors sentant sa fin prochaine,
Il demande son Ecuyer;
D'une main qu'il conduit à peine,
Il écrit sur son bouclier,
MONLAC arrive tout en larmes:
Ne plains point, dit-il, mon destin,
Mais plutôt celle dont les charmes
N'ont pu fléchir un inhumain.

Tu connois mon amour extrême;
Pour m'obéir c'en est assez:
Porte mon cœur à ce que j'aime,
Avec ces mots que j'ai tracés:
Je remets ce soin à ton zèle.
Il expire, & prononce encor
Le nom chéri de GABRIELLE
Jusques dans les bras de la Mort.

Victime de l'obéissance,
MONLAC, ayant exécuté
D'un Maître adoré dès l'enfance
La triste & tendre volonté,
S'embarque à l'instant pour la France;
Il arrive près du château
Du Tyran qui sous sa puissance
Renfermoit l'objet le plus beau,

Seul confident de l'entreprise,
Il attend un heureux moment ;
Avec grand soin il se déguise
Pour réussir plus sûrement :
Quand FAYEL, que l'inquiétude
Ne laissoit jamais en repos,
Le voit près de sa solitude,
Le prend pour un de ses rivaux.

Il l'arrête & croit le connoître,
Il le perce de mille coups ;
Craignant tout des projets du Maître,
Rien n'échappe à ses yeux jaloux.
Quel plaisir enivre son ame !
Il voit le cœur, il en jouït.
Quel coup funeste pour sa flamme !
Il lit la lettre, il en frémit.

Dès qu'il les eut en sa puissance,
N'écoutant plus que sa fureur,
De la plus barbare vengeance
Il médite en secret l'horreur :
La sombre & pâle Jalousie,
Ce monstre suivi des regrets,
Pour venger sa flamme trahie,
Lui souffle les plus noirs projets,

Il goûte déja par avance
Les douceurs qu'elle lui promet ;
De cette flatteuse espérance
Il craint de retarder l'effet :
Je veux, dit-il, que l'imposture
Cachant l'affreuse vérité,
Ce cœur, aimé de la Parjure,
Comme un mets lui soit présenté.

On obéit, & l'heure arrive
Où l'on sert ce repas cruel ;
GABRIELLE, triste & craintive,
Approche en tremblant de FAYEL.
Pour hâter l'instant qu'il espère,
Il offre, il presse ; elle se rend :
Ce mets, dit-il, a dû te plaire,
Car c'est le cœur de ton Amant.

Elle tombe sans connoissance.
FAYEL, que la fureur conduit,
Craignant de perdre sa vengeance,
La rappelle au jour qu'elle fuit.
Juste ciel ! quelle barbarie !
S'écria-t-elle avec effroi...
Moindre encor que ta perfidie :
Vois cette lettre, & juge-toi,

Alors la forçant à la lire,
Ses yeux l'observent avec soin ;
Il croit adoucir son martyre,
Si de sa honte il est témoin.
Elle prend d'une main tremblante
L'écrit qui doit combler ses maux,
Et, d'une voix foible & mourante,
Prononce avec peine ces mots :

« Bientôt je vais cesser de vivre,
Sans cesser de vous adorer,
Content si ma mort vous délivre
Des maux qu'on vous fait endurer.
Elle n'a rien qui m'épouvante ;
Sans vous la vie est sans attraits.
Un regret pourtant me tourmente :
Quoi ! je ne vous verrai jamais !

Recevez mon cœur comme un gage
Du plus vif, du plus tendre amour ;
De ce triste & nouvel hommage
J'ose espérer quelque retour :
Daignez l'honorer de vos larmes ;
Qu'il vous rappelle mes malheurs :
Cet espoir a pour moi des charmes,
Je vous adore : adieu, je meurs. »

H

Elle veut répéter encore
Des mots si tendres, si touchans :
En prononçant . . . . *Je vous adore ,*
Un froid mortel saisit ses sens.
Par un excès de barbarie,
FAYEL prend des soins superflus
Pour la rappeler à la vie ;
Mais elle n'étoit déja plus.

FIN.

L'Approbation & le Privilège se trouvent au
Tome I. *de l'*Essai sur la Musique.

CHANSONS DE COUCY.

I.

Pour verdure ne pour prame pour fueille ·
ne pour floz nule chançon ne magree: cel ne
ment de fine amor · mes li faignant proieoz
dont la dame niert amee · ne chantent foiz
en pascoz lois se plaignent sans doloz ·

II.

Nouuele amor ou iai mis mon penser ·
me fet chanter de la plus debonere · quel puist
el mont ne voer ne trouuer: si men semont
mes cuers de ioie fere · et quant iai mis en li
mentencion · dont ne doit ie chanter se de li non ·
tout mi penser sont a ma douce amie: puisque
ie fai mon cuer en ma baillie ·

III.

Bien cuidai viure sans amour. des or en pays tout
mon ae. mais retrait ma en la folour. mes cuers
dontlauoie escape. en pris ai grenour folie. que
li fous enfis qui crie. pour la bele estoile auoir.
quil noit haut et ciel seoir.

IV.

Nous n'avons pu trouver la Musique de cette
Chanson ni celle de la 14.e

DE COUCY.

V

Qui les oiaus longuement tibahis : conques
ne soi chancon a tere emprendre : car de ma ioie
et toie departiz : o me retet amors ali entendre .
qui se biaute meit nenue lexuut qui me semont
et prie que ie chant et ie sui si suens liges
quitement que tout me puet et engagier et uendre .

VI .

Li nouuiau tens et mars et uiolete : li rousignor
me semont de chanter . et irel fins cuers ma tet
dune amorete : un douz present que ie nos re -
- fuser . or me tent der en tele honor monter .
que cele ou iai mon cuer et monpenser tiengne
ime sovente mes braz un ete : ainz que uoile outremer .

CHANSONS
VII.

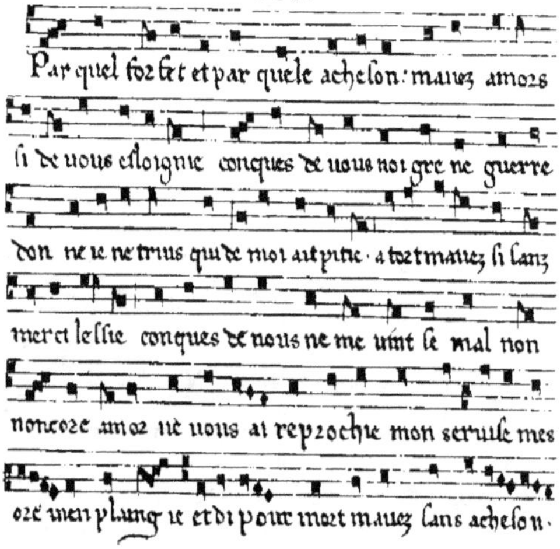

Par quel forfet et par quele acheson: mavez amors

si de vous esloignie conques de vous noi gre ne guerre

don ne ie ne trius qui de moi ait pitie · a tort mavez si sanz

merci lessie conques de vous ne me vint le mal non

noncore amor ne vous ai reprochie mon service mes

ore men plaing ie et di pour mort mavez sans acheson.

VIII.

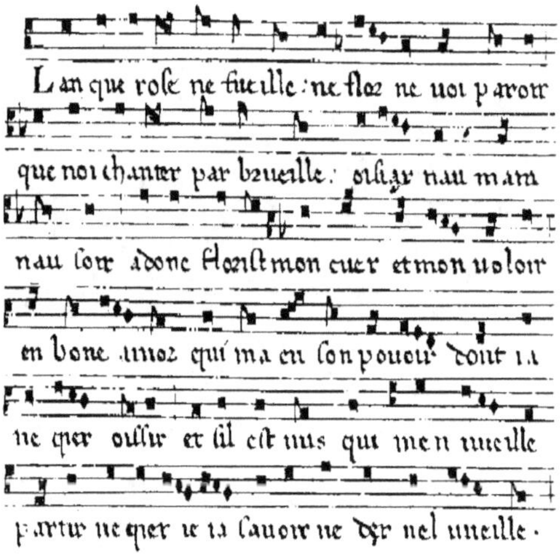

L an que rose ne fueille: ne floz ne voi paroir

que noi chanter par bruelle: oilign nau mari

nau soir adonc florist mon cuer et mon voloir

en bone amor qui ma en son pouoir dont ia

ne quer oissir et sil est nus qui men nieille

partir ne quer ie ta savoir ne dir nel nieille.

IX.

Ie chantasse uolentiers liement· se gen trouuasse
en mon cuer lacheson· mes ie ne puis dire se ie ne
ment· qaie damors nule riens se mal non pour ce
ne puis sere lie chancon· quamors le me deseul aigne
qui ueut que iaim et ne ueut que ie tiengne en si me
tient amors en delespoir· quel ne mocit ne ne letroie auoir·

X.

Bele dame me prie de chanter· li est bien droiz
que ie face chancon· ie ne men clain ne puis
destorner· car nai pouoir de moi le par li non·
cle a mon cuer que ia neu quer oster· et sai de
uoir qil ni tret se mal non· oz le dont ver a
droit port arriuer· car il sest mis en mer sanz auiron·

XI.

Tant ne me sai dementer ne complaindre · que
puisse auoir de ma dolor solaz · ne de mon cuer ne
puis la flambe estaindre · dont tante foiz me claim
dolent et laz · cele moccit uers qui ne me sai faindre ·
ainz sui toz iorz en paine et en porchaz · le ia
porrai iusqua la mor ataindre ·

XII.

Quant li rosignol iolis · rechante seur la flor
deste · que nest la rose et le lis · et la rousee
et uert per · plains de bone uolente chanterai
con lius amis · mes ditant sui esbahis · que
iai si tres haut pense · qua paines ert acompliz
li seruirs dont iaie gre ·

XIII.

Quant li estez et la douce saisons · font foille et flour
et les prez raverdir · et li douz chant des menus
oiseillons · fau as plusour de ioie souuenir ·
lai chaecuns chantr · et ie plour · et souspir · et si
neit pas droiture ne raisons · ainz est a des toute
mentencion · Dame de vous honourer et seruir ·

XIV.

En auenture coument · ma daerrainne chan
con si ne sui lie; ne volent · ne ne sai se uuie
u non · u se iai tozt u raison · u se iama u cest
neienz · mais iteus est mes talenz · que sans nule
repentance · peni a la meilleur de france ·

XV.

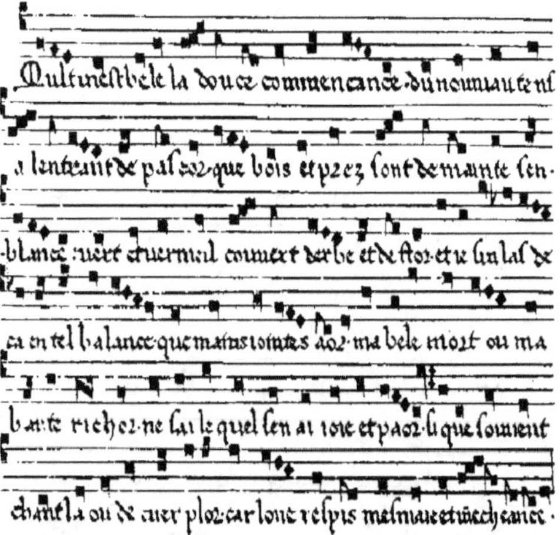

XVI.

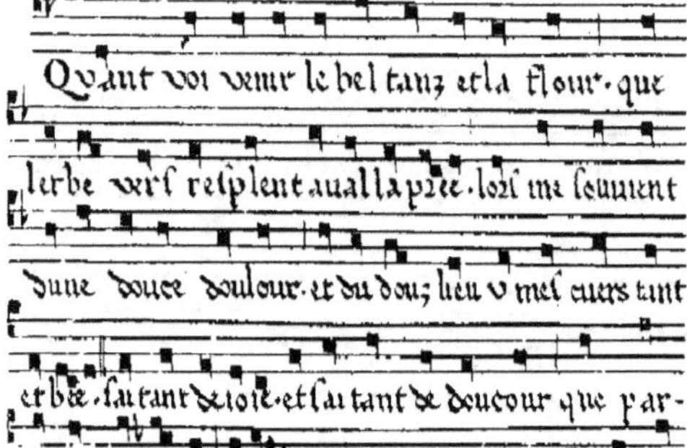

XVII.

Commencement de douce saison bele : que ie uoi re-
uenir. remenbrance damors qui me rapele tontia
ne quier partir. et la mauuiz qui commence a tentir
et li douz sons du ru par le riuage. que ie uoi resclar-
ar me fet resouuenir. de la cu nuit mi bon desir
sont et seront iusquau morir.

XVIII.

La douce uoiz du rosignol sauuage : quoi nuit et
ior cointoier et tentir. me radoucist mon cuer et
mon corage. lors ai talent que chant pour esbaudir
bien doit chanter puis quil uient a plesir. cele qui iai
de cuer fet lige hommage. si doi auoir grant ioie
en mon corage. cele me uent a son oes retenir.

XIX.

Merci clamant de mon fol errement. ferai la fin
de mes chansons oir. car trai ma et mort a escient
mes talos cuers que gendoi tant hair. li ma mal fet
par le dit dautre gent. tout sont parti de moi ios ios
talent. et quant ioie me faut bien est refons. quapres
ma ioie fenissent mes chansons

XX.

A la doucor du tens qui raverdoie. chantent oisel et
florissent vergier. mes ie ne sai dont resiow me doie.
quant a merci fail quant ie plus la quer. ie chanterai fanz
ioie et fanz proier. que ma mort noi ne faillir ni porroie.
puis quamors ueut que contre moi la eroie..

XXI.

Auous amanz plus qua nule autre gent:estbien
resen·que ma dolor complaigne·quant il messiet
partir outreement:et deseurer de ma loial conpaigne
et se la pert nestriens qui me remaigne·et sachiez
bien amors uraiement·se nus morust pour auoir
cuer dolent: iames par moi nsert leuz uers ne lais·

XXII.

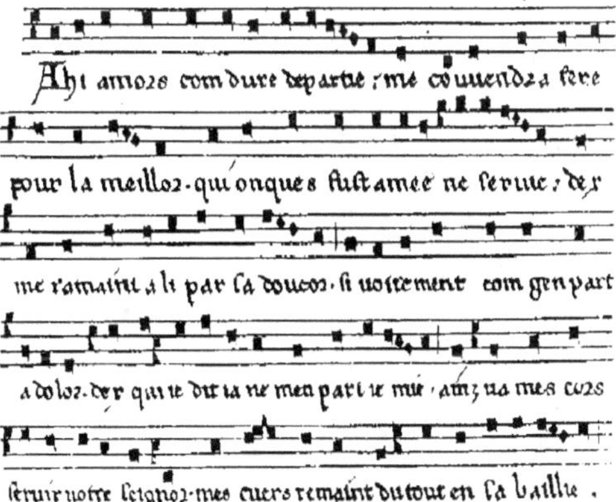

Ahi amors com dure departie:me conuendra fere
pour la meillor·qui onques fust amee ne serue:der
me remaint a li par sa doucor·si uoirement com genpart
a dolor·der qui le dit ia ne men part ie mie·ainz ua mes cors
seruir uotre seignor·mes cuers remaint dutout en sa baillie·

XXIII.

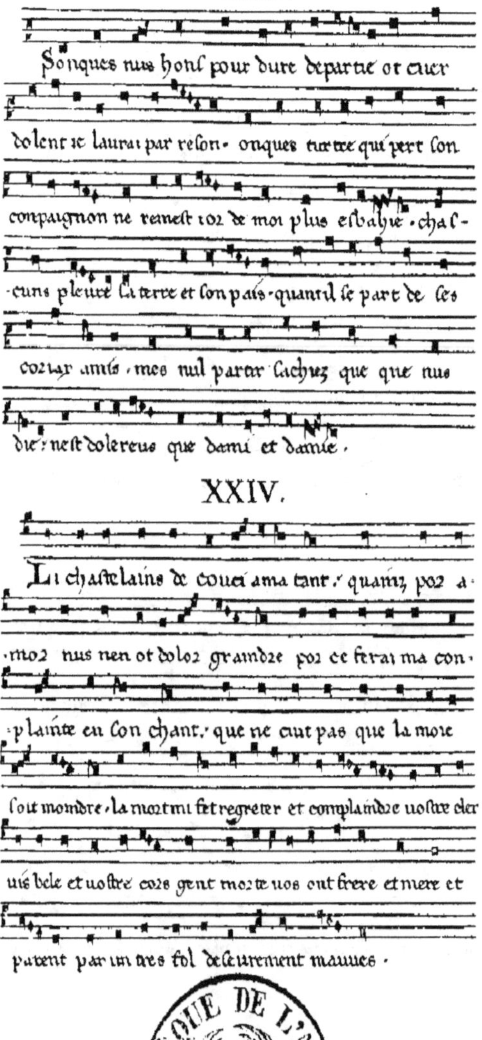
So~nques nus hons pour dure departie ot cuer
dolent ie laurai par reson. onques tertre qui pert son
conpaignon ne remest toz de moi plus esbahie . chaf-
cuns pleure la terre et son pais . quantil se part de ses
coziar amis . mes nul partir sachiez que que nus
die . nest dolereus que dami et damie.

XXIV.

Li chastelains de couci ama tant . quanz poz a-
mroz nus nen ot doloz graindre poz ce ferai ma con-
plainte en son chant . que ne cut pas que la more
soit mondre . la mortmi fet regreter et complaindre uostre cler
uis bele et uostre cors gent morte uos ont frere et mere et
parent par un tres fol delcurement mauues .

BIBLIOTHÈQUE DE L'ARSENAL